Elmar Mitterstieler

Das wunderbare Licht, in dem wir leben

Elmar Mitterstieler

Das wunderbare Licht, in dem wir leben

Gleichheit, Würde und Priestertum *aller* in der Kirche

echter

Zugeeignet allen,
denen das eine priesterliche Volk Gottes
am Herzen liegt.

Imprimi potest
P. Gernot Wisser SJ, Provinzial
Wien, am 6. Oktober 2010

Bibliografische Information der Deutschen Nationalbibliothek
Die Deutsche Nationalbibliothek verzeichnet diese Publikation in der Deutschen Nationalbibliografie; detaillierte bibliografische Daten sind im Internet über <http://dnb.d-nb.de> abrufbar.

2. überarbeitete Auflage 2012

www.echter-verlag.de
Umschlag: Peter Hellmund (Foto gettyone)
Druck und Bindung: Druckerei Friedrich Pustet, Regensburg
ISBN 978-3-429-03391-0 (Print)
ISBN 978-3-429-04551-7 (E-book)

Inhalt

Vorwort 9

Einführung 12
1. Eine Bewusstseinslücke und ein Ressentiment ... 12
2. Eine neue Gesellschaft: Wert und Würde aller ... 18

Priester im Neuen Testament 28
1. Der Hebräerbrief: Der eine Priester, das eine Opfer und die Opfer der Christen 29
2. Im Gefolge von Ex 19,4–6 32
   a) 1. Petrusbrief 33
   b) Priester in der Offenbarung des Johannes 35
3. Kultisch-priesterliche Bildsprache im übrigen Neuen Testament 38
4. Älteste, Vorsteher, Episkopen, Hirten, Leiter von Gemeinden 40
5. Beginnender Wandel im Opfer- und Priesterverständnis in der Folgezeit 43

Aus Wasser und Geist zu Priestern geweiht 46

Freier Zugang 54
1. Freier Zugang für alle 54
2. Abba – Vater 56
3. Karl Rahner: »Die Würde deines Gebetes« 58
4. Methoden reichen nicht 58
5. Thérèse Martin: Ein ganz kleiner Weg 61
6. Priesterliche Vollmacht 64

Selbstgabe 67
1. Gott ist Selbstgabe 67
2. Das Opfer Jesu: sein Priestertum einzigartiger Selbstgabe 68
3. Unsere Opfer: unser Priestertum der Selbstgabe im Alltag 70
4. »ihr ganzes Leben« 74
5. Unsere und der Kirche Selbstgabe in der Liturgie der Kirche 76

Vergebung 83
1. Das christliche Priestertum dient nicht der Versöhnung Gottes 83
2. Gott versöhnt von Mensch zu Mensch 85
3. Die Alltagsmünze unseres Glaubens 87
4. Vergebung ist Ostern 88
5. Ungerechte Fesseln lösen 92

Verkünden 93
1. Der »Geist der Verkündigung« in allen 93
2. Seid, was ihr seid! 95
3. Im Konkreten des Alltags 97
4. Liturgie und Pastoral 99
5. Die Frauen 104
6. Verkündigen und Heilen 108

Vermittlung 112
1. Vermittlung in den Evangelien – ein Modell 112
2. Fürbitte ist liebevolle Zuwendung 114
3. Fürbitte im Alltag 115
4. Fürbitte in der Liturgie 118

5. Liebe: Die Vermittlung, die wir selber sind 120
6. Die Vermittlungskompetenz der Kirche 121

Könige und Propheten 124
1. Prophetinnen und Propheten 124
2. Herrschen 127
3. Würde 132
4. Verantwortung 135

Der Presbyter im priesterlichen Volk 136
1. Presbyter 137
2. Mich tröstet, was ich mit euch bin 142
3. Mit euch bin ich Christ 144
a) Aus Wasser und Geist 144
b) Freier Zugang in Unmittelbarkeit 146
c) Selbstgabe 148
d) Vergebung 152
4. Die Gnade und das Heil – Zur Spiritualität des »Weltpriesters« 157

Sigel 161
Anmerkungen 162

»Ihr aber seid ein auserwähltes Geschlecht,
eine königliche Priesterschaft, ein heiliger Stamm,
ein Volk, das sein besonderes Eigentum wurde,
damit ihr die großen Taten dessen verkündet,
der euch aus der Finsternis in sein wunderbares Licht
gerufen hat« (1 Petr 2,9).

»Christus liebt uns …
er hat uns die Würde von Königen gegeben
und uns zu Priestern gemacht
für den Dienst vor seinem Gott und Vater« (Offb 1,5f.).

Vorwort

Vor 35 Jahren durfte ich, wenige Jahre nach meiner eigenen Weihe zum Presbyter, einige jüngere Mitbrüder in den Exerzitien vor ihrer Weihe begleiten. Ich erinnere mich aus diesen Tagen einzig und allein an eine Frage, die mir einer von ihnen stellte: »Warum redest du so viel von der Taufe? Wir bereiten uns doch auf die Priesterweihe vor!« Ich habe demnach meine Sichtweise auf das grundlegend Gemeinsame hin anscheinend schon sehr früh entwickelt. Sie hat mich begleitet, mich beschäftigt und sich durchgehalten auch durch 20 Jahre Spiritualstätigkeit in mehreren Priesterseminarien und ist bis heute in mir da, und zwar dringlicher denn je. Diese Sicht ist es auch, die zu der vorliegenden Veröffentlichung drängt, die immer das Gemeinsame – das Menschsein und das Christsein – als Grundlage und Quelle aller Differenzen, aller verschiedenen Berufungen und Dienste im Auge zu behalten sucht, um daraus zu leben, um daran Maß zu nehmen und Orientierung zu finden.

Mit jeder Seite, ja mit jeder Zeile des vorliegenden Buches erfülle ich mir einen lang geträumten Wunsch. Meiner inneren Vorstellung nach möchte es schon seit vielen Jahren geschrieben sein. Vielleicht ist nun doch der gegenwärtige Zeitpunkt günstig, da er uns zu manchem Umdenken zwingt. Ich bin überzeugt, dass es hoch an der Zeit ist, ernsthaft und konsequent in Reflexion und Gebet, im diskursiven Gespräch, in Leitung und Gemeinde dem hier angesprochenen Thema nachzugehen.

Uns allen in der Kirche, Großen und Kleinen, ist bezüglich unseres gemeinsamen Priestertums – sit venia verbo – der »Floh« des Neuen Testaments und des Zweiten Vatikanischen Konzils »in den Pelz gesetzt«. Er meldet sich ja immer wieder im Laufe der Kirchengeschichte, und er meldet sich wiederum gerade in unseren Tagen, ermutigt eben durch das letzte Konzil – von manchen abgeschüttelt oder möglichst gar nicht bemerkt; für manche unangenehm und möglicher Infektion verdächtig; für viele freilich immer noch so etwas wie ein kleiner Gefährte, der nicht aufhört, sich in Erinnerung zu bringen, mit Hoffnung verbunden. Man mag ihn nicht beachten wollen, man mag sich daran reiben oder ihn begrüßen. Ich selbst meine jedenfalls entschieden, dieser neu erwachten »Irritation« nachspüren und einen Verständnisvorschlag anbieten zu sollen. In der Tat geht es bei dem, was uns da in den Pelz gesetzt ist, um ein Geheimnis der »Kleinen« (Mt 18,10), die wir alle sind, Große und Kleine ausnahmslos, und damit wesentlich um die Art und Weise, wie wir Ferment und Sauerteig sind in der Welt. Wir könnten auch sagen, es handelt sich um einen verschwundenen Fluss, dessen Wiederauftauchen die Kirche im letzten Konzil wahrgenommen und als Quelle neuen Lebens zu fassen begonnen hat.

Die folgenden Seiten beanspruchen nicht mehr, als ein Versuch zu sein. Ein Versuch, den ich sehr dringlich ins Gespräch oder zur Diskussion stellen möchte. Denn ich bin überzeugt, dass dieses Anliegen unter uns allen in der Kirche schon geraume Zeit in Bewegung kommen will.

Zu besonderem Dank bin ich meinem Freund Univ.-Prof. Dr. Martin Hasitschka SJ, Professor für Neues Testament an der Theologischen Fakultät Innsbruck, verpflichtet, der mir seine sorgfältigen exegetischen Arbeiten – zum Großteil noch vor ihrer Drucklegung – großzügig zur Verfügung gestellt hat. Ohne die verlässlichen Ergebnisse dieser Arbeiten wäre mir die Abfassung des vorliegenden Buches nicht möglich gewesen. Den vielen, im Orden und außerhalb, die mich durch Ermutigung und Anregungen unterstützt haben, bin ich sehr zu Dank verpflichtet, auch wenn ich sie hier nicht namentlich nennen kann.

Einführung

1. Eine Bewusstseinslücke und ein Ressentiment

Unser Bewusstsein, so lebendig und weit es sein mag, weist doch immer auch Lücken auf. Es ist wie eine Landschaft, die wir täglich in Licht und Schatten durchwandern, deren größerer Teil jedoch im Dunkeln, im Untergrund, am Grunde des Meeres liegt – je tiefer, desto weniger sichtbar. Wir verdrängen. Wir vergessen. Wir kennen uns weithin selbst nicht. Sehr ausgedehnte und wichtige Anteile unseres Selbst sind unserem Bewusstsein nicht oder nur auf dem Wege eines lange andauernden und oft schmerzhaften Prozesses neuer Aufmerksamkeit zugänglich. Vieles von dem, was dem Kind noch bewusst war und was es erlebt hat, ist abgesunken und kann oft nur mühevoll wieder zu Tage kommen. Umgekehrt lag vieles, was der Erwachsene in sich selbst entdeckt, noch außerhalb des kindlichen Bewusstseins. Und so kann auch, was einmal ans Tageslicht des Erwachsenenbewusstseins kam, wieder auf den Grund absinken. Es gibt auch die Dinge, die wir bewusst nicht mehr wissen wollen und deshalb zur Seite schaffen, die wir ad acta legen und nicht mehr anschauen wollen, weil es weh tut, dass sie niemals wirklich eine Chance bekommen haben. Mit einem Wort, unser Bewusstsein weist oft erhebliche Lücken auf, die nicht selten auf etwas Wichtiges hinweisen, das sich unter dem Bewusstseinsspiegel verbirgt. Solches Vergessen und solche Verdrängungen gibt es auch in Gemeinschaften und größeren sozialen Gebilden. Man vergisst und verdrängt prekäre Phasen der Vergangenheit. Man vergisst und verdrängt aktuelle Probleme. Man will übernommene historische Aufgaben und Verpflichtungen nicht wahrhaben. Man kann oder mag die eigene Identität nicht mehr recht erkennen und begreifen. Plausibilitäten büßen ihre Einsichtigkeit ein und schwinden. Übereinkünfte verlieren an Wirksamkeit und Substanz.

So kann es auch in religiösen Gemeinwesen geschehen, z.B. in Bezug auf den aktuellen Zugang zu einem wichtigen Charisma einer Ordensgemeinschaft. Selbst in der Kirche kann über ganze Zeiträume hin manches unter oder bis nahe an die Bewusstseinsgrenze absinken. Sie verliert dabei freilich nicht die Integrität der Wahrheit, die ihr verheißen ist. Doch ist sie deshalb vor einseitigen Akzentuierungen und auch längerfristigen Bewusstseinseinschränkungen und Verdrängungen[1], bedingt durch ihren menschlich-geschichtlichen Weg, nicht gefeit und kann so in mancher Hinsicht auch über größere Zeiträume an Lebendigkeit einbüßen – was wohl z.B. Johannes XXIII. damals empfand, als er es in Verbindung mit dem von ihm einberufenen Zweiten Vatikanum für notwendig erachtete, die Fenster der Kirche zu öffnen.

Eine solche Lücke in unserem christlichen Bewusstsein begegnet uns bei jeder Taufe. Sie wird jedes Mal angerührt durch die Worte, die begleitend zur Salbung der Getauften mit dem Weiheöl der Kirche, dem (besonders bei Taufe, Firmung, Ordination bedeutsamen) »Chrisam« gesprochen werden; Worte, die eine erste Ausdeutung dessen sind, was soeben in der Taufe geschah: »Aufgenommen in das Volk Gottes wirst du nun mit dem heiligen Chrisam gesalbt, damit du für immer ein Glied Christi bleibst, der Priester, König und Prophet ist in Ewigkeit.«[2] Hier wird den Getauften etwas zugesprochen, das nur spärlich in unser christliches Bewusstsein hinein entfaltet wird. Und wenn, dann eher im Sinne eines daraus folgenden Verpflichtungscharakters als im Sinne einer Sein und Würde schenkenden Wirklichkeit.

Dass wir, jede und jeder Getaufte, durch unsere Gemeinschaft mit Christus Priester sind und Könige und Propheten – wo oder wie begegnet uns das? Und wo oder wie erfahren und erleben wir es? Es sind Worte, die kaum einen Widerhall finden in unserer christlich-kirchlichen Lebenswirklichkeit, die meist wie ungehört in uns wieder verklingen, die nicht eingelöst werden und in unseren Gemeinden und Gemeinschaften, ja im Raum der Kirche überhaupt allzu oft keine wirkliche Rolle spielen.

Im Zuge des Fensteröffnens hat das Zweite Vatikanische Konzil[3] diese de facto weithin verschollene Wirklichkeit wieder ins Bewusstsein gebracht: »Christus der Herr … hat das neue Volk ›zum Königreich und zu Priestern für Gott und seinen Vater gemacht‹ (vgl. Offb 1,6; 5,9–10). Durch die Wiedergeburt und die Salbung mit dem Heiligen Geist werden die Getauften zu einem geistigen Bau und einem heiligen Priestertum geweiht …« (LG 10). Uns allen wird hier im Rückgriff auf die Hl. Schrift zugesagt, wer und was wir durch die Taufweihe sind. Wunderbares, das an uns durch die Taufe geschehen ist und geschieht, wird wie aus einer Vergessenheit für uns alle wieder ins Wort und ans Licht gebracht.

Dennoch wurde vom kirchlichen Amt aus bis in die jüngste Zeit vielfach nicht sehr gerne vom gemeinsamen Priestertum aller Glaubenden gesprochen. Man fürchtet(e) wohl unter anderem, am eigenen Ast zu sägen durch einen eventuell damit verbundenen Achtungsverlust vor dem amtlichen Priestertum, seinem Sinn und seiner Notwendigkeit – was sich wiederum, so weiter die Befürchtung, hemmend

auf den ohnehin schon geringen Priesternachwuchs auswirken könnte. Ich selbst bin freilich keineswegs der Meinung, dass dies – jedenfalls auf weitere Sicht – der Fall wäre. Denn das Bewusstsein und die Nutzung des Reichtums und der Fülle unseres Christseins können das Leben der Kirche und die Freude am Dienst nur fördern.
Doch immer häufiger leiden wir heute innerkirchlich an einem »wechselseitigen Ressentiment« zwischen Priestern – »Lieblingssöhnen«, denen es freilich nicht mehr so gut geht und deren Zahl trotz vieler Bemühungen bei uns jedenfalls stark rückläufig ist – und »Laien«, die »permanent in einem sekundären Status« mit mangelnder Letztverantwortung sind. Zweifellos ist diese nun schon Jahrzehnte andauernde spannungsgeladene Situation nicht zuletzt bedingt durch fundamentale Wandlungsprozesse in unserer (westlichen) Gesellschaft, in denen sich z.B. die Wahrnehmung von Autorität zu Gunsten von Authentizität verändert (hat) und demokratisch-gleichrangige Verfasstheiten mehr und mehr an die Stelle von hierarchischen und Standesordnungen getreten sind. Diese Entwicklung kann und konnte nicht an der Kirche, die ja in diesem Äon und seinen Epochen lebt, und an ihren Menschen vorbeigehen.
Das Zweite Vatikanum hat – gewiss u.a. auch in Wahrnehmung solcher gesellschaftlicher Wandlungen – alle in der Kirche ohne Ausnahme in dem einen »Volk Gottes« zusammengeführt und geeint, wenn auch diese Einigung noch vieler Bewusstseinsarbeit und Willigkeit bedarf. Und in diesem Volk haben alle, auch die, die nicht Amtsträger oder Ordensleute sind, »zu ihrem Teil« einen pastoralen, einen Hirten-Auftrag für die Welt und für einander. Denn sie sind »durch die Taufe Christus einverleibt, zum Volk Gottes gemacht und des priesterlichen, prophetischen und kö-

niglichen Amtes Christi auf ihre Weise teilhaftig« (Lumen gentium Nr. 31). Wenn auch die Ausdrücke »auf ihre Weise« und »zu ihrem Teil« sozusagen im selben Atemzug um die Abgrenzung zum Presbyterat bemüht sind, so ist hier doch ein unerhört großer Schritt getan. Denn jede/-r Getaufte hat, so die Sicht des Zweiten Vatikanums, ganz schlicht und ohne Wenn und Aber an der Fülle des königlich-priesterlichen und prophetischen Amtes Christi teil![4] Trotzdem und vielleicht gerade deshalb besteht noch immer viel Ressentiment beiderseits. Ich bin überzeugt, dass ein gutes Stück des Weges in einer anspruchsvollen, weil wesentlichen Besinnung auf das Gemeinsame liegt. Einen gewissen Impuls zur Bewusstmachung gibt z.B. Papst Benedikt XVI. selbst in seinem Schreiben zum Jahr des Priesters, in dem er zwar das amtliche Priestertum in seiner Bedeutung überaus stark herausstellt, jedoch auch dazu einlädt, das gemeinsame Priestertum aller mitzubedenken, und die Gelegenheit nützt, um »das Feld der Zusammenarbeit zu betonen, das immer mehr auf die gläubigen Laien auszudehnen ist, mit denen die Priester das eine priesterliche Volk bilden und in deren Mitte sie leben, um kraft des Weihepriestertums *alle zur Einheit in der Liebe zu führen, ›indem sie in Bruderliebe einander herzlich zugetan sind, in Ehrerbietung einander übertreffen‹ (Röm 12, 10).* In diesem Zusammenhang ist an die lebhafte Aufforderung zu erinnern, mit der das Zweite Vatikanische Konzil die Priester ermutigt, *die Würde der Laien und die bestimmte Funktion, die den Laien für die Sendung der Kirche zukommt, wahrhaft [zu] erkennen und [zu] fördern … Sie sollen gern auf die Laien hören, ihre Wünsche brüderlich erwägen und ihre Erfahrung und Zuständigkeit in den verschiedenen Bereichen des menschlichen Wirkens an-*

erkennen, damit sie gemeinsam mit ihnen die Zeichen der Zeit erkennen können.«[5]
Sosehr diese Worte auch angesiedelt sind innerhalb der strengen Gliederung von Presbytern und »Laien«, so ist damit auch von amtlicher Seite die Begegnung mit dem Thema dieses Buches angesagt. Die Zeit dafür ist reif.
Ein wichtiger Punkt – allzu oft eine unserer Bewusstseinslücken – muss in diesem Zusammenhang noch genannt werden. Wenn wir unser gegenwärtiges konkretes Leben betrachten, ist nicht zu übersehen, dass unsere »Gesellschaft ihre Geschlechterordnung umbaut, und zwar ohne Zweifel in Richtung so urchristlicher Werte wie Gerechtigkeit und Fairness«, und dass dies den Druck der erwähnten Spannung wohl erheblich verstärkt. Wir können kirchlich nicht daran vorbeischauen. Werden wir uns positiv zuwenden und öffnen können, in Konsequenz der Haltung des Zweiten Vatikanums? Dieser »Umbau« betrifft nicht nur die größere Hälfte der Kirche, sondern uns alle. Er kann zwar im Zusammenhang dieses Buches nicht ausdrücklich zum Thema werden. Denn mir ist bewusst, dass ich strukturell keine Lösungen anbieten kann. Aber der Weg in Offenheit und gemeinsamer Bewusstseins- und Erfahrungsbildung ist zu gehen, und was da werden will, geht in allem, was ich zum »Gemeinsamen« und »Gleichen« und seiner Bewusstwerdung sagen möchte, mit.[6]
Besonders schwer wiegen die Bewusstseinslücken und Vergessenheiten im Bereich der menschlichen und christlichen Würde. Dementsprechend weiß sich dieses Buch, soweit es nur vermag, dem biblischen »Ethos und Pathos unbedingter Würdigung«[7] verpflichtet.

2. Eine neue Gesellschaft: Wert und Würde aller

»Eine neue Gesellschaft ist zu errichten für das Menschengeschlecht, dem eine neue Würde und eine neue Zukunft geschenkt wurde, als der Sohn Gottes in Maria Mensch wurde und für die Sünden seines Volkes starb. In dieser neuen Gesellschaft – die nicht größer ist als ein Senfkorn und doch so kraftvoll und wirksam wie ein Sauerteig – behauptet jeder Mensch seinen unantastbaren Wert und seine Würde als Individuum.«[8]

Basil Hume OSB (1923–1999; Abt, Erzbischof von Westminster und Kardinal)

Seit Jahrzehnten bewegt und beschwert es mich, dass dem christlichen Volk zu großen Teilen eine Zusage und eine Berufung nicht wirklich bewusst werden kann, die zu seiner Identität, seinem Leben und seiner Würde unabdingbar gehört: nämlich sein Priestertum. Es handelt sich um das Priestertum des ganzen Volkes und um das Priestertum eines jeden und einer jeden Einzelnen darin. Die Bedeutung und Würde dieses Priestertums wird in der Schrift sogar durch das Wort »königlich« unterstrichen. Königliches Priestertum des ganzen christlichen Volkes und aller Einzelnen! Und so spärlich im Bewusstsein!

Der Schmerz richtet sich als Erstes weniger auf das »königlich«, denn es geht ja nicht darum, hoch hinauszuwollen. Er richtet sich zunächst und vor allem auf das wenig zur Geltung gebrachte Priestertum aller Glaubenden, das, wie schon gesagt, eher unbewusst und verdrängt erscheint, nur mit wenig Spielraum und Kompetenz in seiner Bedeutung wahrnehmbar. Das »königlich« ist freilich dann doch wieder insofern wichtig, als es deutlich auf die

besondere und hohe, jedoch weithin wenig gewürdigte Würde aller Glaubenden aufmerksam macht.
Wie ist es möglich, dass eine solche Kostbarkeit vergessen oder verdrängt wird? Es ist nicht meine Absicht, dem ganzen geschichtlichen Werdegang nachzugehen. Offensichtlich ist, dass jedenfalls in der römisch-katholischen Kirche das Wort »Priester« seit langer Zeit besetzt, d.h. so gut wie ausschließlich in Gebrauch ist für jene, die durch entsprechende Ordination und Bestellung mit diesem Amt betraut sind. Auch dem Inhalt nach ist vieles vom gemeinsamen Priestertum des ganzen Volkes von da in den amtlichen Bereich der Kirche gewandert. Manches davon wird, so hoffe ich, im Lauf der Lektüre deutlich werden. Viel auch von der Würde aller hat sich dorthin bewegt. Dabei geht es keineswegs um äußere Würdezeichen und Insignien, sondern um das beglückende Wissen des Volkes Gottes, wer es in Christus ist und welchen Wert und welche Bedeutung es vor Gott und in der Welt und für die Welt hat. Nicht selten bestätigt ein Blick in die Gemeinden den Mangel eines solchen Sinn gebenden Bewusstseins.
Viele Christen freilich kommen dem entgegen und möchten gar nicht »mehr«, allzu oft, weil sie nicht wissen (durften?!), wer sie sind. Sie möchten einfach vieles abgeben und delegieren und möchten z.B. zur eigenen Entlastung Priester für sich bestellen oder bestellen lassen, damit diese tun, was den »normalen« Menschen und Christen zu überfordern scheint. Aber kann es denn wirklich sein, dass man das amtlich fördern oder gar für die eigene Position nützen will?
Das Zweite Vatikanum hat das Priestertum des ganzen Volkes Gottes wieder bewusster zu machen und hervorzuheben begonnen. Wenn es eine Entfaltung des Offenbarungs- und Lehrgutes in der Kirche gibt – und es gibt sie! –, dann

ist auch selbstverständlich damit zu rechnen, dass es eine positive Geschichtlichkeit im Sinne einer Entfaltung des christlichen Bewusstseins und Selbstbewusstseins geben darf, und zwar ebenso gebieterisch und vorangetrieben durch den Geist Gottes wie aus der Sache selbst heraus. Und ebenso selbstverständlich gilt hier wie dort, dass der Geist der Zeit und das Lebensgefühl und der Bewusstseinsstand der Menschen dabei sehr wohl eine Rolle spielen. Die jüngsten Ereignisse haben uns gezeigt, wie sehr die Kirche auch angewiesen ist auf die Sensibilität und klärende Hilfe »von außen«. Es gibt ja in unserer Zeit ganz allgemein ein sehr breites und waches – freilich ebenfalls nicht selten versagendes – Bemühen um Wert, Würde und Recht von Völkern, Volksgruppen/Ethnien, Gemeinwesen bis hin zum einzelnen Menschen, das gegenseitige Anregung und Hilfe, Korrektur und Zusammenarbeit ermöglicht.

Gerade dieses letzte Konzil hat uns auf manches positive Zusammenspiel zwischen dem Leben der Kirche und dem Leben und den Bestrebungen der Menschen in ihrer profanen Alltagswelt achten gelehrt und hat dem mit großer Wachheit und Einfühlung positiv Rechnung getragen. Es hat »die Zeichen der Zeit« gesehen und verstanden und hat dies in Worten zum Ausdruck gebracht, die bis heute ihre Kraft nicht eingebüßt haben: Die Jünger Christi teilen »Freude und Hoffnung, Trauer und Angst der Menschen von heute, besonders der Armen und Bedrängten aller Art … Und es gibt nichts wahrhaft Menschliches, das nicht in ihren Herzen seinen Widerhall fände. Ist doch ihre eigene Gemeinschaft aus Menschen gebildet« und »erfährt … sich mit der Menschheit und ihrer Geschichte wirklich engstens verbunden« (GS 1). Der Kirche obliegt »allzeit die Pflicht, nach den Zeichen der Zeit zu forschen und sie im

Licht des Evangeliums zu deuten … Schritt für Schritt entdeckt (der Mensch) die Gesetze des gesellschaftlichen Lebens und weiß doch nicht, welche Ausrichtung er ihm geben soll« (GS 4).

Die Kirche steht also nicht nur Entwicklungen gegenüber, sie steht auch selbst, ebenfalls suchend nach Sinn und Ausrichtung, mitten in diesen Prozessen. Und sie weiß das. Sie hat sich im Zweiten Vatikanum, die gesellschaftlichen Veränderungen positiv aufgreifend, bewusst als »Volk Gottes« verstanden – mit einem biblischen Begriff, der das bis dahin bevorzugte biblische Bildwort »Leib Christi« weitestgehend ablöste. Es ist ja durchaus so, dass uns durch »Zeichen der Zeit« sehr oft erst die Augen geöffnet werden für das, was Gott uns heute jeweils durch die Schrift aktuell sagen will. »Volk Gottes« also werden wir genannt – nicht mehr im Sinne eines Volkes, das seiner Leitung (den Häuptern sozusagen) gegenübersteht, sondern als ein Volk, zu dem auch die Glieder der Leitung grundsätzlich gleich in gemeinsamer Berufung gehören. »Volk Gottes« wird der »Grundlagenbegriff der Kirche … Das gilt für alle in der Kirche und alle haben grundsätzlich gleichen Anteil an diesem Volk.« Doch indem sie so die Gesetze ihres eigenen Lebens neu entdeckt, hat die Kirche zwar die Deutlichkeit der Konzilsworte und ist doch wiederum suchend und »weiß doch nicht, welche Ausrichtung« sie nun diesem ihrem Leben »geben soll.« Sie musste und muss die ganze Mühe und Länge der Nachkonzilszeit durchwandern und vermag immer noch nicht in allen ihren Lagern Freude zu finden an der Aufwertung des Menschen- und des Christenwertes, die durch das Zweite Vatikanum geschehen ist. Sonst müsste nicht ein Buch wie dieses geschrieben werden als ein Plädoyer für diese Freude.[9]

Die Frage nun nach der Christenwürde, der ich auf diesen Seiten nachgehe, bezieht sich naturgemäß zunächst auf den Raum des Christentums, den Raum der christlichen Kirchen, speziell auf den der römisch-katholischen Kirche. Doch die Würde, die Menschen in einem bestimmten Bereich, z.B. hier in Religionsgemeinschaften, gewinnen, hat Bedeutung für die wachsende Gewinnung der Menschenwürde und ihre Sicherung überhaupt. Beide haben einander etwas zu geben. Die Menschenwürde nimmt die Christenwürde unter ihren Mantel und umgekehrt: Die Erkenntnis unserer Würde als Christen durch Jesus – unsere Jesus-Würde – macht uns zugleich sensibel für unsere Würde als Menschen und für die allzu oft »anonyme«, ja oft sogar entwürdigte Würde aller Menschen in und mit ihm.

»Eine neue Gesellschaft«, so das Zitat von Basil Hume, mit dem ich dieses Kapitel begonnen habe, »ist zu errichten für das Menschengeschlecht, dem eine neue Würde und eine neue Zukunft geschenkt wurde, als der Sohn Gottes in Maria Mensch wurde und für die Sünden seines Volkes starb«. Nicht weniger als eine »neue Gesellschaft« ist angemessen, dieses Geschenk an das Menschengeschlecht, diesem zugute, aufzunehmen! Eine neue Gesellschaft, mag sie auch »nicht größer (sein) als ein Senfkorn und doch so kraftvoll und wirksam wie ein Sauerteig«. Und daran soll man sie erkennen: In ihr »behauptet jeder Mensch seinen unantastbaren Wert und seine Würde als Individuum«.

Von ihrem Beginn an ist die Kirche diese »Neue Gesellschaft«. Und doch sind das Worte, die uns ein wenig den Atem nehmen. Ist es wirklich möglich, dass da von ihr, der Kirche, die Rede sein will? Das Christentum hat von allem Anfang an aus der Dynamik Jesu von Nazareth die Erkenntnis und die Praxis der Menschenwürde, des Wertes und Rechtes eines jeden Menschen mit vorangetrieben. Viel zu langsam und mit viel zu vielen grausamen Verirrungen, sagen wir heute im Rückblick. Jede einzelne dieser Verirrungen ist zu viel. Und doch hat das Christentum, streckenweise auch hinter sich selbst zurückbleibend, Erkenntnis und Praxis der Menschenwürde mit vorangebracht. Ich kann das in diesem Rahmen nicht genauer belegen. Es wäre ein eigenes Thema. Die für uns jetzt wichtigste Frage ist, ob, wie und wie bald die Kirche sich den gegenwärtigen Herausforderungen, was Wert und Würde des Menschen betrifft, gewachsen zeigt. Wir haben es jüngst erlebt, wie sehr in ihr und durch sie auch die Würde von Menschen verletzt werden kann.

Wenn einfache Christen, die ja immer noch und nicht selten unter ihrem Wert und ihrer Würde gesehen und behandelt werden, den »Geist der Verzagtheit« (2 Tim 1,7) überwinden und ihren unantastbaren Wert und ihre Würde, als Individuum und in Gemeinschaft, bewusster und deutlicher zu erkennen und zu behaupten beginnen, wenn sie also dazu zu stehen beginnen – tun sie damit recht, oder müssen sie dann hören: »Ihr nehmt euch zu viel heraus«? (Num 16,7) Möchten doch alle im gesamten Volk Gottes ihren unantastbaren Wert und ihre Würde als Individuum behaupten können! »Wenn nur das ganze Volk des Herrn zu Propheten würde, wenn nur der Herr seinen Geist auf sie alle legte« (Num 11,29). Zugleich ist, um Missverständnissen vorzubeugen, klar und deutlich zu sagen: Es geht keineswegs um eine Konkurrenz zum – unerlässlichen! – Presbyteramt. Es geht um viel mehr. Es geht darum, dass die Glocken gut angeschlagen werden und nicht die eine oder andere unbeachtet immer übersprungen wird. Es geht für uns alle um das Glück und den hohen Auftrag des Christseins, um das leise Anschlagen unserer königlich priesterlichen und prophetischen Würde und Kompetenz mit Christus, wie sie uns allen persönlich und gemeinsam in der Taufe geschenkt und in der Salbung mit dem Chrisam als Zeichen der Würde der Christusgemeinschaft zugesprochen und zugeeignet ist.

In den letzten Jahren wird von dem noch jungen 21. Jh. als von einem »Jahrhundert der Laien«[10] gesprochen.[11] Die Grundlage für eine solche begrüßenswerte Perspektive kann nicht nur der Mangel an Presbytern sein, sosehr dieser nach bisher nur schwer in den Blick zu bekommenden Lösungen ruft. Zweifellos ist in dem Wort von einem solchen Jahrhundert auch nicht an einen »Handstreich« des christlichen Volkes gegenüber seinen Amtsträgern gedacht, sondern vielmehr an einen Aufbruch der ganzen Kirche. Die Perspektive eines solchen Jahrhunderts ist nur möglich auf der Basis eines Bewusstseinswandels des *ganzen* Volkes Gottes, auf der Basis also eines Einverständnisses aller im Bezug auf das, was allen gemeinsam ist. Mit Freude wäre einem Jahrhundert entgegenzusehen, in dem *alle* Getauften bewusster aus dem einen ihnen *allen* gemeinsamen Priestertum lebten, mit entsprechendem Lebensraum dafür. Die Perspektive einer solchen Epoche betrifft also – und das darf nicht übersehen werden – nicht nur die »Laien«, sondern ganz ebenso die mit einem Amt in der Kirche / in den Gemeinden Betrauten. Denn Volk, griech. λαός – laós, und damit »Laien« in der Schule Gottes sind wir ja *alle* gemeinsam.

Ein wichtiger Hinweis auf diese Zusammengehörigkeit findet sich schon ganz am Anfang unseres Glaubens: Dort stehen weder hier Priester/Leitung noch dort Volk/Gemeinde. Vielmehr stehen da Menschen, die Jesus in seine Nachfolge, seinen Dienst und seine Gemeinschaft gerufen hat. Diese Menschen – nicht nur »die Zwölf« hervorgehobenen und Apostel genannten, sondern auch weitere Jünger und Jüngerinnen – sind in den Evangelien *sowohl* als glaubendes, hörendes und liebendes, in die Schule und Erziehung Jesu genommenes Volk *als auch* in verschiedener Weise als Offenbarungszeugen und -zeuginnen, als Beauftragte, Bevollmächtigte, zukünftige Leitungsverantwortliche angesprochen. Sie sind mit allen ihren Stärken und Schwächen, die auch die unseren sind, auf dem Weg mit Jesus, hinter ihm her. Sie sind kein »Klerus«! Das ganze Volk Gottes, das in ihnen mit Jesus auf dem Weg ist, ist Anteil (κλῆρος) des Herrn. Viel zu tief ist die Gemeinsamkeit, die Verbundenheit mit uns allen in ihrer offen einbekannten menschlichen Bedürftigkeit auf ihrem Glaubensweg mit Jesus. Viel zu nahe sind sie uns auch im Bekenntnis ihrer eigenen Schwäche. Sie sind zuallererst Menschen und Christen auf dem Weg, der Jesus ist. Das ist ihre Lebensquelle, die sie ganz erfüllt und dankbar und glücklich macht und sie urmächtig zum Zeugnis drängt. Wie viel mehr hat uns doch in allen christlichen Generationen die selbst eingestandene und weitererzählte Verleugnung und Umkehr des Petrus geholfen als alle Bestrebungen des Erhabensein-Wollens in der Kirchengeschichte bis heute. Welche Geschichte einer Liebe! Das oft zitierte Wort des Bischofs Augustinus, dem wir weiter unten nochmals begegnen werden, ist und bleibt erstaunlich zutreffend: »Wo mich erschreckt, was ich für euch bin, tröstet mich, was ich mit euch bin. Für euch bin ich Bischof, mit euch bin ich Christ. Jenes bezeichnet das Amt, dieses die Gnade; jenes die Gefahr, dieses das Heil.« Im Gemeinsamen also liegen die

Gnade und das Heil. Ein Jahrhundert der »Laien«, eine Belebung des Priestertums aller könnte uns allen viel Gnade und Heil bewusst und zugänglich machen.
Das Zweite Vatikanum hat das Bild einer Communio-Kirche, einer Kirche des einen »Volkes Gottes« entworfen, in fundamentaler Gleichheit aller, das Bild jener »neuen Gesellschaft«, wie sie von Anfang an war, in der ein Kirchenbild mit einer Gliederung wie z.B. in eine »lehrende« (Klerus) und eine »hörende« (Laien) Kirche keinen Platz mehr hat. Hörende Kirche sollten vielmehr *alle* sein und werden! Und ebenso lehrende im Sinne des Lebens und Weitertragens der Botschaft.
»Eines ist also das auserwählte Volk Gottes: ›Ein Herr, ein Glaube, eine Taufe‹ (Eph 4,5); gemeinsam die Würde der Glieder aus ihrer Wiedergeburt in Christus, gemeinsam die Gnade der Kindschaft, gemeinsam die Berufung zur Vollkommenheit ... und ungeteilt die Liebe ... Es ist also in Christus keine Ungleichheit aufgrund von Rasse und Volkszugehörigkeit, sozialer Stellung oder Geschlecht; denn ›es gilt nicht mehr Jude und Grieche, nicht Sklave und Freier, nicht Mann und Frau; denn alle seid ihr einer in Christus Jesus‹ (Gal 3,28; vgl. Kol 3,11) ... alle (sind) zur Heiligkeit berufen ... Wenn auch einige nach Gottes Willen als ... Hirten für die anderen bestellt sind, so waltet doch unter allen eine wahre Gleichheit in der allen Gläubigen gemeinsamen Würde und Tätigkeit zum Aufbau des Leibes Christi« (LG 32). Das sind Konzilsworte, die noch verbreitet in der Kirche bis hinein in manche Seelsorgepraxis nicht wirklich Boden gewonnen haben. Allein schon atmosphärisch wäre sonst vieles anders.
»Kreative, gleichrangige, wechselseitig wertschätzende Verhältnisse« müssen entstehen, damit das Geschenk des

Selbstverständnisses der Kirche als das eine »Volk Gottes« bewusst werden kann. Das ist Auftrag der Kirche und ergeht in erster Linie an das Leitungsamt selbst, also an diejenigen, die im Dienstamt des Presbyters stehen. Denn sie haben die größere Möglichkeit und Mächtigkeit des Gestaltens. Das vorliegende Buch möchte ein Impuls und Beitrag dazu sein, diese Verantwortung wahrzunehmen. Denn ich bin auch überzeugt, dass mit der wirksamen Entdeckung und Wahrnehmung des gemeinsamen Priestertums aller Glaubenden zugleich »die spirituelle Notwendigkeit und das geistliche Geschenk, das im Amtspriestertum steckt«, wieder deutlicher erkennbar wird.[12]

Unsere gemeinsame Hoffnung verleiht uns ein »stolzes Bewusstsein«, so übersetzt die Einheitsübersetzung in Hebr 3,6. Das ist ein Kennzeichen dieser neuen Gesellschaft. Es verbindet uns alle, ob Amtsträger oder nicht, auf unseren Herrn gestellt in gleicher Weise.

Priester im Neuen Testament

»Priester« ist ein kultischer Begriff, der der Sache nach in vielen Religionen eine auch sozial bedeutsame Rolle spielt. Uns interessiert hier vor allem seine Bedeutung im biblischen Kontext.

»Der Priester (ἱερεύς) ist im Volk Israel und in der religiösen Umwelt von damals eine vertraute Gestalt, eine Person, die eine besondere Funktion im sakralen Bereich eines Tempels hat (Leitung kultischer Zeremonien, Darbringung von Gebeten und Opfern [vgl. Hebr 5,1]), die Zugang zum Heiligen (Heiligtum [ἱερόν] und Allerheiligstes als Ort besonderer Gottesnähe) besitzt, sich im kultischen Sinn einem Gott nahen darf und dabei die Rolle eines Mittlers zwischen Gott und dem Volk einnimmt.«[13]

Aus diesem Bereich kommt also der Priesterbegriff, den das Neue Testament in seiner späten Zeit im Bezug auf Jesus und die Glaubenden als Metapher (als Bildwort) anwendet. »Metapher« deshalb, weil es Jesus, indem es ihn z.B. als Hohenpriester bezeichnet, nicht in die Reihe der alttestamentlichen Priester und Hohenpriester stellt, sondern ihn auf dem Weg eines Vergleiches in seiner Unterschiedenheit und im Grunde Unvergleichlichkeit und so in seiner Einmaligkeit und als Erfüllung aller Vorausbilder darstellt: Er ist Priester auf eine einmalige, nie da gewesene und letztgültige Weise. Und die Glaubenden sind es mit ihm.

Da geht es um den *Zugang*, den *freien Zugang zu Gott*, in *Unmittelbarkeit*; um die Befähigung zur *Vermittlung*, also *Mittler* zu sein *zu/bei Gott*; es geht ums *Darbringen*, ums *Opfern*-Können auf kompetente und wirksame Weise. Eng damit verbunden ist das *Versöhnen* und *Vergebung* Erwirken und so den ersehnten *Frieden* Herbeiführen. Eine interessante Beobachtung soll hier als Zwischenbemerkung eingefügt werden. Nicht in den Bereich der Priester-Metaphern des Neuen Testamentes fällt es meines Wissens, Weisung zu erteilen (vgl. etwa Jer 18,18: »Denn nie wird dem Priester die Weisung ausgehen ...«) und Wortverkündigung oder etwa die Leitung einer Gemeinde. D.h. wohl, dass wir da mehr in den Bereich des Apostels, des Propheten, des Lehrers kommen und in den der Ältesten, der Vorsteher und Episkopen. »Priester«, »Prophet« und »König« sind nicht miteinander zu vermengen, haben aber dennoch einen inneren Zusammenhang. »Priester« und »König« können z.B., wie in der Offenbarung des Johannes, eine feste und sicherlich nicht zufällige Verbindung eingehen.

1. Der Hebräerbrief: Der eine Priester, das eine Opfer und die Opfer der Christen[14]

Die genannten priesterlichen Attribute können, wie der Hebräerbrief – spät und als einzige Schrift im Neuen Testament – zeigt, auf Jesus Anwendung finden. Freilich in einmaliger Weise. Er hat uns durch seine Hingabe in den Tod den Zugang zum Vater erschlossen, ja er ist, als unser »Vorläufer«, selbst für uns dieser Zugang »ins Allerheiligste«, hinter den »zweiten Vorhang« (9,3), »vor Gottes Angesicht« (9,24). Es ist ein unmittelbarer Zugang für alle Glaubenden, vermittelt nur durch ihn, der sie – einen jeden und eine jede – für immer dahin mitnimmt. Denn er hat auf seinem Weg hinter den Vorhang das Hindernis unserer Sünden auf sich genommen und weggeräumt, indem er »ein für allemal ... sich selbst darbrachte« (7,27) Hier begegnen wir einem Schlüsselwort dieser Anschauung Jesu als Priester: Es sind nicht irgendwelche, nicht die konventionellen Opfer, die er bringt, und wären sie noch so kostbar. Er hat vielmehr *sich selbst* dargebracht! Der Begriff »Opfer« hat sich dadurch radikal verändert. Selbstgabe ist seither, mag es auch noch so viele Einzelmomente und Einzelschritte darin geben, das Einzige, das letztlich Leben und Tod christlich verändert. Seine Selbstgabe und unsere mit ihm. Diese einzigartige priesterliche Kompetenz Jesu, aus der die priesterliche Kompetenz aller Glaubenden sich herleitet, wird uns noch besonders beschäftigen.

Zu der Art und Weise, wie Jesus uns freien Zugang (Eph 2,18; 3,12) ins Allerheiligste verschafft, gehört wesentlich, dass er »der Sohn« ist, dass er also an sich schon bei Gott (d.h. in der kultischen Sprache, die hier gewählt ist, »im Allerheiligsten«) zu Hause ist. Um uns alle aber dahin mitzunehmen, muss er und will er unser Todesschicksal der Sünde teilen, indem er, diesen Weg mit uns und für uns gehend, sich selbst darbringend »mit seinem eigenen Blut ein für allemal in das Heiligtum« hineingeht, um sein »Volk zu heiligen« (Hebr 9,12; 13; 12). Denn »er musste in allem den Brüdern/Schwestern gleich sein, um ein barmherziger und treuer Hoherpriester vor Gott zu sein und die Sünden des Volkes zu sühnen« (2,17). »Obwohl er der Sohn war, hat er durch Leiden den Gehorsam gelernt« (5,8), den wir verlernt hatten und so schwer wiederum lernen – nicht irgendeinen, sondern den elementaren unserer Existenz. Obwohl er »der Sohn« und also bei Gott zu Hause war, ist er mit uns unseren mühsamen Weg in sein Haus gegangen und

hat uns so diesen Weg eröffnet, um uns aufzunehmen in seine einmalige Beziehung und Stellung zu/in Gott.
Und wenn es noch so mühsam wurde, er hat uns dabei immer als Brüder und Schwestern angesehen, als Söhne und Töchter seines Vaters mit ihm. Seine Gemeinschaft mit uns, für die er sich vor seinem Vater entschieden hat (»Siehe, ich und die Kinder – die Brüder und Schwestern –, die Gott mir gegeben hat« 2,13) und für die er bis zum Äußersten, bis zur Hingabe seiner selbst geht, offenbart uns durch die Liebe, mit der er das tut, eine Weise der Versöhnung und der Vergebung, die wir annehmen können. So bewirkt seine freiwillige Lebenshingabe für uns »ein für allemal« Sündenvergebung und »ewige Erlösung«. Indem er so unsere Gottesbeziehung heilt und uns als Geschwister annimmt um jeden Preis, und sei es auch um den Preis seiner selbst, schafft und verkündet er Frieden, Frieden »den Fernen und … den Nahen« (Eph 2,17).
Als Antwort auf die erlösende Selbstgabe Jesu können und sollen auch wir »Opfer« darbringen. Jesus selbst ist durch seine Hingabe zum Altar unserer Hingabe geworden. Unsere Opfer sind nicht solche, die uns Erlösung und Heil erwirken könnten oder müssten, denn das ist ja schon ein für allemal durch ihn geschehen. Es sind vielmehr Opfer des Lobes und des Dankes: »Durch ihn also lasst uns Gott allezeit das Lobopfer darbringen, nämlich die Frucht der Lippen, die seinen Namen preisen« (Hebr 13,15; Hos 14,3). Unser Weg zur Heimatstadt (es ist dies das für den Hebräerbrief charakteristische Bild von der Kirche als dem wandernden Gottesvolk), den wir mit Lob und Dank auf unseren Lippen gehen, ist der von ihm vorausgegangene: »Lasst uns also zu ihm hinausziehen außerhalb des Lagers (dorthin, wo die Tierkadaver verbrannt werden, »deren

Blut vom Hohenpriester zur Sühnung der Schuld in das Heiligtum gebracht wird«: 13,11) und seine Schmach tragen« (13,13). Denn Jesus hat »außerhalb des Tores« (13,12) gelitten (an der »Schädelstätte«; auch das Heiligtum Israels auf seiner Wüstenwanderung, das Bundeszelt, war »für sich außerhalb des Lagers«, »in einiger Entfernung« aufgeschlagen: Ex 33,7). Und noch ein weiteres Opfer, das wir auf unserem Weg mit Jesus darbringen sollen, wird hier genannt: »Vergesst nicht, Gutes zu tun (das entsprechende griechische Wort »Wohltun, εὐποιία« nur hier im NT) und mit andern zu teilen (wörtlich: die Gemeinschaft), denn an solchen Opfern hat Gott Gefallen« (13,16). Nur an diesen zwei Stellen im Hebräerbrief ist also von Opfern, die die Christen darbringen, die Rede – und diese sind keine kultischen Opfer. Lobopfer, Wohltun und Gemeinschaft – darin vergegenwärtigt sich das eine Opfer, die Lebenshingabe Jesu. Das ist es, was uns zu geben und darzubringen von ihm geschenkt und aufgetragen ist.

2. Im Gefolge von Ex 19,4–6

»Ihr habt gesehen, was ich den Ägyptern angetan habe, wie ich euch auf Adlerflügeln getragen und hierher zu mir gebracht habe. Jetzt aber, wenn ihr auf meine Stimme hört und meinen Bund haltet, werdet ihr unter allen Völkern mein besonderes Eigentum sein. Mir gehört die ganze Erde, ihr aber sollt mir als ein Reich von Priestern und als ein heiliges Volk gehören. Das sind die Worte, die du den Israeliten mitteilen sollst« (Ex 19,4–6).

a) 1. Petrusbrief

Der 1. Petrusbrief zitiert Ex 19,4–6 nach der griechischen Übersetzung des Alten Testamentes, der sog. Septuaginta (LXX). In 1 Petr 2,9 finden wir die entsprechende Zusage an die christliche Adressatengemeinde: »Ihr aber seid ein auserwähltes Geschlecht, eine königliche Priesterschaft, ein heiliger Stamm, ein Volk, das sein besonderes Eigentum wurde, damit ihr die großen Taten dessen verkündet, der euch aus der Finsternis in sein wunderbares Licht gerufen hat.« Daran angefügt sind in V. 10 zwei Worte aus dem Propheten Hosea (1,9.6): »Einst wart ihr nicht sein Volk, jetzt aber seid ihr Gottes Volk; einst gab es für euch kein Erbarmen, jetzt aber habt ihr Erbarmen gefunden.« Zuvor wird in V. 5 das Thema der Priesterschaft schon einmal angesprochen: »Lasst euch als lebendige Steine zu einem geistigen Haus aufbauen, zu einer heiligen Priesterschaft, um durch Jesus Christus geistige Opfer darzubringen, die Gott gefallen.«

Die Zusage richtet sich an die Christen, die damals verstreut in relativ kleinen Gemeinden lebten, als das Volk, das völlig neu durch Gottes freie Erwählung in Jesus entstanden ist. Angesprochen ist nicht mehr das jüdische Volk, das alte Israel, sondern ein neues Volk aus Juden und Heiden aus allen Völkern. An diesem neuen Volk erfüllt sich jetzt die alte Zusage an Israel in Ex 19: besonderes Eigentum Gottes zu sein, ein auserwähltes Geschlecht und ein heiliger Stamm (obwohl es keine gemeinsame leibliche Abstammung mehr gibt!). Heilig, weil – wie schon in Ex 19 – der Erwählende heilig ist, der es für sich aussondert, und weil Jesus es ist, auf den dieses neue Volk sich aufbauen lässt zu einer heiligen und königlichen Priesterschaft. Die

Bedingung in Ex 19 »wenn ihr auf meine Stimme hört und meinen Bund haltet« wird nicht mehr genannt, denn im Glauben an Jesus Christus hat die Zusage für immer ihre absolut verlässliche Erfüllung gefunden.

In ihm also sind alle Christen zu einer heiligen und königlichen Priesterschaft erwählt, gegründet auf ihn, den »auserlesen kostbaren Eckstein« (1 Petr 2,6). Das betrifft zunächst das neue auserwählte Eigentumsvolk als Ganzes. Zugleich sind, selbstverständlich, auch die Einzelnen darin, die sich da »als lebendige Steine« zu einer solchen Priesterschaft »aufbauen« lassen (V. 5), Träger dieses Priestertums – beschenkt mit der königlich-priesterlichen Würde der Erwählung. In dem erwählten Volk gibt es »Presbyter« (Älteste), die eine Hirtenaufgabe in und an der Gemeinde haben und bei Gelegenheit dieses Briefes ermahnt werden, dieser frei und gerne und nicht als Herren über die Gemeinde nachzukommen; die Jüngeren sollen sich ihnen unterordnen, und allen gemeinsam wird ans Herz gelegt, einander in Demut zu begegnen (5,1–6). Diese Presbyter sind offensichtlich Teil jener Priesterschaft, die vom erwählten Volk als Ganzem gebildet wird. Es werden im Bezug auf sie keine eigenen priesterlichen Begriffe oder Konnotationen ausgesagt.

Der Auftrag an das gesamte erwählte königlich-priesterliche Eigentumsvolk, sein »Erwählungszweck« ist im V. 9 selbst so formuliert: »damit ihr die großen Taten dessen verkündet, der euch aus der Finsternis in sein wunderbares Licht gerufen hat.« Jes 43,21 klingt hier an: »Das Volk, das ich mir erschaffen habe, wird meinen Ruhm verkünden.« Es tut dies, indem es in Sein und Wort und Tat das Große zum Leuchten bringt und weitersagt, was Gott an ihm getan hat. Spezifisch priesterlicher klingt in V. 5 die

Aufforderung, sich »zu einer heiligen Priesterschaft« aufbauen zu lassen, »um durch Jesus Christus geistige Opfer darzubringen, die Gott gefallen.« »Geistige Opfer« kann hier, auch aus dem ganzen Kontext des Briefes, nicht kultisch verstanden sein, sondern vielmehr im Sinne der Hingabe der Existenz, einer dem Glauben entsprechenden Lebensführung, der Berufung aller zu einem Leben nach dem Beispiel und in den Spuren Christi (2,21ff.). Die kultisch-bildhafte Sprache von »Priesterschaft«/»Priestertum«/»heiliger, königlicher Priesterschaft« versteht sich also in einem nicht kultischen Sinn. Das »geistige Opfer« der Christen ist dementsprechend ihr eigenes, von Jesus Christus und seiner Lebenshingabe geprägtes Sein und Leben, das sie, in den verschiedensten Lebenssituationen, als auserwähltes Eigentumsvolk darbringen.

b) Priester in der Offenbarung des Johannes[15]

Wie wir sehen, handelt es sich bei Jesus um ein Priestertum besonderer Art, das sich in allen Vergleichspunkten als einmalig erweist. Ebenso ist es auch im Bezug auf unser aller Priestertum. »Im Volk Israel wie in anderen Völkern kommt die Priesterwürde nur wenigen zu. Im Sinne der Offenbarung des Johannes haben diese Würde alle, und zwar als von Jesus Geliebte und Erlöste.« Jesus »liebt uns und hat uns von unseren Sünden erlöst durch sein Blut; er hat uns zu Königen gemacht und zu Priestern vor Gott, unserem Vater« (Offb 1,5b–6). Jesus erlöst uns durch die Liebe seiner Lebenshingabe, »durch sein Blut«, von unseren Sünden. Der Blick richtet sich auf das Lamm, das dasteht »wie geschlachtet«, gewaltsam durch Menschen getötet. Das festzuhalten ist dem Autor der Offenbarung überaus wichtig. Er, Jesus, erlöst uns in seinem Blut und zugleich, im selben oder besser in seinem letzten Atemzug schafft er uns neu »zu einem Königreich« und »zu Priestern« – sein ganzes Volk, das er sich mit solchem Einsatz erworben und »erkauft« (Offb 5,9) hat. Durch das Blut seiner Lebenshingabe hat er uns alle zu einem königlichen Volk von Priestern geweiht (Taufweihe!), geweiht »zu Priestern vor Gott seinem Vater«. Das bedeutet: Er hat uns in seine einmalige und eigenste Gottesbeziehung aufgenommen, in seinen eigenen einzigartigen und unmittelbaren Zugang zu seinem Vater. Wir erinnern uns an das Wort Jesu, des Auferstandenen: »Ich steige hinauf zu meinem Vater und zu eurem Vater, zu meinem Gott und zu eurem Gott« (Joh 20,17). Die königliche und priesterliche Würde, die er seinem Volk und jedem und jeder Einzelnen darin schenkt, ist mit einem »Herrschen mit ihm« (Offb 5,10; 20,6; vgl. auch 2,26f.; 3,21!) verbunden, dem »König der Könige« (z.B. Offb 17,14), der durch seine Lebenshingabe, die in Tod und Auferstehung sich vollzieht, die Macht und Vollmacht erlangt hat, den endzeitlichen Gerichtsplan Gottes durchzusetzen – denn als »das Lamm, das geschlachtet wurde« (Offb 5,12), ist er allein würdig, »das Buch zu empfangen und seine (sieben) Siegel zu öffnen« (Offb 5,9). Das Herrschen der Erlösten mit Christus ist stärker als die Herrschaft des Bösen in dieser Welt. Zum Verständnis dieses Herrschens muss sehr klar angemerkt werden: »Nie ist von einem Herrschen über etwas die Rede oder über jemanden, der dann der Unterworfene wäre.« Es ist ein Herrschen »mit Christus«, dienend und erlösend, ein »königliches Verhalten« also, unverwechselbar im Sinne Jesu. Die Erlösten haben jedoch Priestertum und Herrschaft nicht nur auf dieser Erde, sondern auch als Auferweckte von den Toten: »sie werden Priester Gottes und Christi sein und werden herrschen mit ihm …« (Offb 20,6), dem »Erstgeborenen von den Toten« (Offb 1,5). Dass sie Priester sind, betont der gefüllte Ausdruck »Priester Gottes und Christi«, und endzeitliche Herrschaftsfunktion haben, das dient zur Beschreibung des Menschen in seiner himmlischen Vollendung. Ihr Priestertum, das sie auf dieser Erde innehatten, und ihre Herrschaft mit Christus als priesterliches Gottesvolk (vgl. Taufe / Firmung und Presbyterweihe) haben unauslöschlichen Charakter (»character indelebilis«). Ihr Lobpreis im Himmel klingt mit dem Lobpreis des königlich-priesterlichen Volkes auf der Erde in einem mächtigen, vielstimmigen, wechselchörigen »Halleluja«-Gesang zusammen (Offb 19,1–8).

Was das Königtum und das Priestertum der von Christus Erlösten betrifft und dass wir durch ihn »gekauft« sind, darin schließt der Autor der Offenbarung des Johannes an Ex 19,4–6 an, jedoch – anders als der erste Petrusbrief – in seiner hebräischen Form: »Ihr habt gesehen, was ich den Ägyptern angetan habe und wie ich euch auf Adlerflügeln getragen und euch zu mir gebracht habe. Und nun, wenn ihr willig auf meine Stimme hören und meinen Bund halten werdet, dann sollt ihr aus allen Völkern mein Eigentum sein; denn mir gehört die ganze Erde. Und ihr sollt mir ein Königreich von Priestern und eine heilige Nation sein.« Ich habe »euch zu mir gebracht«, denn ihr sollt »aus allen Völkern mein Eigentum sein«. Wie Gott sich auf einmaligen Wegen und in einmaliger Weise um sein Volk bemüht und es zu sich herbeigebracht hat, so hat Jesus »in seinem Blut Menschen für Gott erkauft (sodass sie also sein Eigentum sind) aus allen Stämmen und Sprachen, aus allen Nationen und Völkern«. Er hat die alttestamentlichen Verheißungen erfüllt, indem er uns »für unseren Gott zu einem Königreich und zu Priestern machte«. Schon das alttestamentliche Wort lässt allen priesterliche Würde zukommen, gibt also allen in gleicher Weise Zugang zu dem Heiligen, sodass sie sich unmittelbar Gott nahen dürfen. Es ist freilich ein in der Geschichte Israels gegenüber dem Tempelpriestertum offenbleibendes, an Bedingungen geknüpftes, in die Zukunft gerichtetes Wort, mit einem Anklang in Jes 61,6: »Ihr alle aber werdet ›Priester Jahwes‹ genannt werden, man sagt zu euch ›Diener unseres Gottes‹.« In der Offenbarung des Johannes wird nun jedoch die doppelte Bedingung von Ex 19,4–6, auf Gott zu hören und seinen Bund zu halten (vgl. auch 1 Petr 2,9), nicht mehr genannt. Wiederholt wird vielmehr hervorgehoben, dass jetzt die Erfüllung geschehen ist – nämlich durch die Lebenshingabe Jesu in seinem Blut. Sie ist die Grundlage für die königliche Würde und das gemeinsame Priestertum aller mit dem besonderen Zugang zu Gott und mit ihrer Herrschaftsfunktion schon jetzt in dieser Welt. Bleiben es trotzdem wiederum Zukunftsworte? Es liegt an uns, ob wir »den Worten des Buches dieser Prophetie« (Offb 22,19) Beachtung schenken und sie aufgreifen.

3. Kultisch-priesterliche Bildsprache im übrigen Neuen Testament[16]

Für die Offenbarung des Johannes ist das kultische Priesterbild eine Hilfe, um zu verstehen und darzustellen, was uns, d.h. allen Christen, an Würde und neuer, endgültiger Wirklichkeit durch das Blut der Lebenshingabe Jesu zugekommen ist. Eine Verwendung von Begriffen, die mit

priesterlichem Dienst und Gottesdienst im kultischen Sinn zusammenhängen, finden wir auch sonst im Neuen Testament. Sie sind als Metaphern hilfreich, wollen aber nicht irgendeine der Formen von Priestersein damaliger und gleich welcher Zeit auf Christen übertragen. So sagt etwa Paulus von sich, dass er Gott in der Verkündigung des Evangeliums/der Frohbotschaft »dient« (Röm 1,9), indem er griechisch λατρεύω, also die kultische Form für »dienen« verwendet. Im Folgenden schreibe ich die im Urtext kultischen Worte kursiv. In Röm 12,1 bittet Paulus die Christen in Rom, »eure Leiber darzubringen als lebendiges, heiliges, Gott wohlgefälliges *Opfer* (θυσία), als euren geistigen *Gottesdienst*«. In Röm 15,15–16 sagt er im Blick auf sich selbst: »*Diener* (λειτουργός – Liturge!) Christi bin ich für die Heiden, *als Priester dienend* (ἱερουργέω) der Frohbotschaft Gottes, damit die *Darbringung* der Heiden (als Gabe) angenehm werde, geheiligt im Heiligen Geist«. Phil 2,17: Paulus setzt christliches Leben in der Grundhaltung des Glaubens dem *Opfer (θυσία)* und dem *kultischen Dienst* (λειτουργία τῆς πίστεως ὑμῶν) gleich.
Auch im 1. Petrusbrief, der in 2,9 die Stelle Ex 19,6 aufnimmt, findet sich eine solche kultische Aussageweise. Im selben Kapitel V. 5 lesen wir: Lasst euch aufbauen »zu einer *heiligen Priesterschaft* (ἱεράτευμα ἅγιον), um durch Jesus Christus geistige *Opfer* (θυσία) darzubringen, die Gott gefallen«. In der Offenbarung des Johannes findet sich kultische Vorstellungsweise in der entsprechenden Form des Wortes »*dienen*« (λατρεύω) oder in der Sichtweise, dass die Gebete der Christen wie »*Räucherwerk*« (θυμιάματα) sind im himmlischen Heiligtum. Vom singulären Verständnis des Hebräerbriefs von Christus als »*Hoherpriester*« war oben schon ausführlich die Rede und von dem singulären

Zugang, besonders ausgedrückt durch das Wort *»hinzutreten«/»herankommen«/»hintreten«* (προσέρχομαι Hebr 7,25), den er den Glaubenden erschließt.
Hochinteressant ist, dass sich alle diese priesterlich-kultischen Ausdrucksweisen auf nichtkultische, zum Teil ganz alltägliche Vollzüge/Aktivitäten beziehen, mit denen die Christen ihrem Glauben Ausdruck geben. Demnach vollzieht sich der wahre Kult im Alltag, in Glaube, Freude und Bedrängnis der Christen.

4. Älteste, Vorsteher, Episkopen, Hirten, Leiter von Gemeinden[17]

»Es wäre einfach zu zeigen, dass das Neue Testament es systematisch vermieden hat, diejenigen, die man die ›Diener‹ dieses Kultes nennen könnte, mit Begriffen zu bezeichnen, die für die verwendet wurden, die die entsprechende Rolle bei den Juden oder bei den Heiden ausführten.« Denn es werden ausschließlich Begriffe wie Ältester, Vorsteher, Hirt, Episkop, Leiter verwendet, die alle aus den damals in der Umwelt des Neuen Testamentes üblichen Bereichen von Gemeindeleitungen stammen. »Die Begriffe ἱερεύς oder *ἱεράτευμα* (lateinisch: *sacerdos* oder *sacerdotium*, also: *Priester* oder *Priestertum*) dagegen sind für Christus reserviert und für die Gesamtheit der Getauften.«[18]
Die Entwicklung eines Priesterverständnisses im kultischen Sinn innerhalb der frühen Kirche hat verschiedene Ursachen. Sie hängt auch zusammen mit Entwicklungen in der Deutung der Feier des Brotbrechens und des Herrenmahles, aus der später die Eucharistiefeier wurde.
Der Gottesdienst der ersten Christen, zu dessen Hauptele-

menten Gebet und Schriftlesung zählen, ist tief verwurzelt in der jüdischen Tradition (Synagoge). Ein spezifisches Merkmal der Christengemeinden ist jedoch das Zusammenkommen zu einer rituellen Mahlfeier, die im Neuen Testament mit den beiden Fachausdrücken »Brotbrechen« (Apg 2,42; vgl. Apg 2,46; 20,7.11; 1 Kor 10,16) und »Herrenmahl« (1 Kor 11,20) bezeichnet wird. Zu dieser Feier trafen sich die Christen vermutlich speziell am »ersten Tag der Woche« (vgl. 1 Kor 16,2) bzw. am »Herrentag« (vgl. Offb 1,10), der in besonderer Weise dem Gedächtnis der Auferweckung Jesu gewidmet war. Die für die Christen typische Mahlfeier geht auf Jesus zurück und ist eine besondere Form der Erinnerung an ihn. Im Blick auf die Gemeinde von Korinth (1 Kor 11,17–34) können wir sagen, dass das Herrenmahl aus einem rituellen Mahl in Verbindung mit einem Sättigungsmahl besteht. Die Versammlung der Christen zum »Brotbrechen« bzw. zum »Herrenmahl« findet nicht an einem sakralen Ort (Tempel) statt, sondern in einem profanen Raum (Privathaus). Nicht nur Männer, sondern auch Frauen stellten ihr Haus als Versammlungsort für die Gemeinde und die Feier des Brotbrechens bzw. des Herrenmahles zur Verfügung (»Hausgemeinde«/»sich hausweise konstituierende Gemeinde«) und haben als Gastgeber/Gastgeberinnen bei der Gestaltung der Zusammenkünfte eine verantwortliche Rolle gespielt. Die Zusammenkünfte der Christen unterscheiden sich von der vielfältigen sakralen Kultpraxis in der Umwelt.

Das Zusammenkommen zum Herrenmahl braucht selbstverständlich auch Regelung und Leitung. Doch wer sorgt für die »Ordnung« (vgl. 1 Kor 14,40) bei der Gemeindeversammlung? Gibt es dafür ein besonderes Amt? In den Charismenlisten in 1 Kor 12,4–11.28–30 und Röm 12,6–8 finden wir drei Charismen, die auf Leitungsfunktionen beim Herrenmahl bezogen werden können: nämlich die Gaben der »Leitung«/»Führung«, des »Vorstehens« und des »Dienstes«, den vermutlich auch der »Diener« (διάκονος – Diakon) ausführt. Auch an im Hebräerbrief genannte »Führende«/»Leitende« könnte man denken. Oder auch an die in der Apostelgeschichte oder in späteren Briefen erwähnten »Ältesten«. Eindeutige und klare Aussagen darüber, wer für Ordnung beim Herrenmahl sorgt und für die Leitung der Feier zuständig ist, finden wir im Neuen Testament nicht. Urchristliche Gemeindebildung hat zur Folge, dass sich verschiedene Ämter entwickeln. Ob es jedoch für die Durchführung des Herrenmahles oder Brotbrechens bereits ein eigenes Amt gab, wissen wir nicht.

Das ist ein seltsamer Befund. Denn das Neue Testament belegt klar, dass das »Brotbrechen« bzw. das »Herrenmahl« zentrale Bedeutung hat in der frühen Christenheit. Diese Feier ist eine zeichenhafte und rituelle Form der Stärkung im Christusglauben. Sie ist für das Leben und Überleben der Gemeinden in einer pluralistischen und polytheistischen Umwelt notwendig und unverzichtbar. Der erste Korintherbrief betont, dass die Gemeinde als »Leib« Christi sich nur bewähren kann, wenn sie wiederholt zusammenkommt, um den »Leib« Christi im rituellen (sakramentalen) Sinn zu empfangen (1 Kor 10,16–17).

Für die frühen Gemeinden ist der Ritus des Brotbrechens ein Zeichen, an dem sie in besonderer Weise die Gegenwart (»Realpräsenz«) des Auferstandenen erkennen. Die Christen sind überzeugt, dass im Grunde – wie in der Emmauserzählung – der Kyrios selbst das Brot bricht. Derjenige, der den Ritus des Brotbrechens leitet, ist bestenfalls Repräsentant und »Instrument« des Kyrios. Dazu kommt eine intensive Parusieerwartung. Die Glaubenden versammeln sich zum Herrenmahl bzw. Brotbrechen in der Hoffnung, dass der Kyrios selbst kommen wird (μαράνα θά – »unser Herr, komm!«).

Unser Wort »Priester« leitet sich von griechisch »Presbyter« (πρεσβύτερος – Ältester) ab, von einem Wort also, das in jener frühen christlichen Zeit keine sazerdotale (= priesterliche) Bedeutung hatte. »Presbyter« ist der Gemeindeordnung der jüdischen Synagoge entnommen, vielleicht spielen auch Einflüsse aus Verfasstheiten hellenistischer Gemeinwesen mit. Wie die anderen oben genannten Ämterbezeichnungen ist auch »Presbyter« im Urchristentum ein Begriff der Gemeindeleitung, der keine erkennbaren kultisch-priesterlichen oder sakralen Konnotationen hatte, also nicht aus der Tradition und Begriffswelt von ἱερεύς / *sacerdos* / *Priester* stammte. Diese gewann jedoch sehr bald in der frühen Kirche an Boden.

5. Beginnender Wandel im Opfer- und Priesterverständnis in der Folgezeit[19]

Das bezeugt uns schon ansatzweise der 1. Clemensbrief, der zwar noch in ausgehender neutestamentlicher Zeit (96/98 n. Chr. von Papst Clemens I.) verfasst wurde, aber nicht in den Kanon der neutestamentlichen Schriften aufgenommen ist. Er enthält in 1 Clem 36 deutliche Anspielungen an den Hebräerbrief. Wenn er dort freilich Jesus Christus den »Hohenpriester unserer Opfergaben« nennt, so ist das eine Bezeichnung, die sich im Hebräerbrief nicht findet, und zugleich bleibt unklar, welche diese Opfergaben sind (Gebete oder Eucharistie). An stark alttestamentlichen kultischen Vorstellungen ist 1 Clem in 40–41 orientiert, und zwar bezüglich der Gott wohlgefälligen Ordnung in der christlichen Gemeinde. In 1 Clem 40,4–5 lesen wir: (4) »Die also zu den verordneten Zeiten ihre Opfer (προσφορά) (44,4: »untadelig und fromm«) darbringen, sind genehm und selig; denn, indem sie den Satzungen des Herrschers (40,1: »ordnungsgemäß«) folgen, gehen sie nicht fehl. (5) Denn es sind dem Hohenpriester (ἀρχιερεύς) eigene Kultdienste (λειτουργία) gegeben, und den Priestern (ἱερεύς) ist eine eigene Stellung verordnet, und den Leviten sind eigene Dienste (διακονία) auferlegt. Der Laie (λαϊκὸς ἄνθρωπος) ist an die Laien-Anordnungen gebunden.« Es ist übrigens hier das erste Mal, dass wir im christlichen Bereich auf die Bezeichnung »Laie« (λαϊκός) stoßen. Sie kommt im Alten Testament kaum vor (1 Sam 21,5; Ez 48,15) und signalisiert einen Unterschied von dem, was dem Volk (λαός) zukommt/zusteht, zum Bereich des Sakralen/Heiligen/Sazerdotalen (= dem Priester zustehend, zu ihm gehörig). Deutlich lassen sich in 1 Clem 40–44 Ansätze einer beginnenden priesterlich-kultischen Entwicklung des kirchlichen Amtes auf alttestamentlichem Hintergrund erkennen. Der Begriff Kultdienst/Liturgie (λειτουργία) spielt eine wichtige Rolle. Die Einsetzung der Bischöfe und Diakone wird gesehen in Analogie zur Einsetzung der alttestamentlichen Priester und Leviten.

Zur Entstehung des christlichen Priesterbegriffs tragen verschiedene Faktoren bei, vor allem das seit dem 2. Jh. erkennbare und sich entfaltende kultische Verständnis der Feier der Eucharistie, die freilich nach wie vor ihren Ursprung behält in dem, was das Neue Testament mit den Begriffen »Brotbrechen« und »Herrenmahl« bezeichnet. Weitere Faktoren sind die Anknüpfung an alttestamentliche

Vorstellungen vom Priestertum, die zunehmende Distanz vom Judentum, die (soziale und gesellschaftliche) Herausforderung durch die heidnischen Religionen sowie der Gedanke der Repräsentation Jesu, des Hohenpriesters (so besonders bei Cyprian).

Im kultischen Verständnis der Eucharistie spielt der Begriff »Opfer« (προσφορά, θυσία, sacrificium, oblatio) zunehmend eine wichtige Rolle. Das Opferverständnis geht in zwei Richtungen. Das Opfer wird einerseits verstanden als Gebetsopfer, als Ausdruck des Dankes in den Gebeten der Gemeinde (1 Clem 52 u.a.). Anderseits wird die Eucharistie und werden speziell Brot und Kelch als Opfer verstanden, das den alttestamentlichen Opfern gegenübergestellt wird. Dabei zeigt sich, dass Mal 1,10–11 (»... Denn vom Aufgang der Sonne bis zu ihrem Untergang steht mein Name groß da bei den Völkern, und an jedem Ort wird meinem Namen ein Rauchopfer dargebracht und eine reine Opfergabe; ja, mein Name steht groß da bei den Völkern, spricht der Herr der Heere«) eine besondere Wirkungsgeschichte im frühen Christentum hat.

Andererseits gibt es auch da und dort eine deutliche Verbindungslinie zum schlichten Auftrag Jesu »Tut dies zu meinem Gedächtnis!« (1 Kor 11,24.25; Lk 22,19) und zum neutestamentlichen (noch nicht kultischen) Verständnis vom »Opfer des Lobes« (Hebr 13,15), das wesentlich mit Erinnerung an das Heilsereignis in Jesus Christus verbunden ist: z.B. bei Justin (um 160 n. Chr.) und (besonders) in Traditio apostolica 4 (um/kurz nach 200 n. Chr.), einem liturgischen Text, der im Wesentlichen auch dem Zweiten Eucharistischen Hochgebet im Messbuch der Katholischen Kirche von 1969 zugrunde liegt.

Aus Wasser und Geist zu Priestern geweiht

Grundlage und Quelle von allem, was wir als Christen sind und tun, ist die mit Glauben erbetene und empfangene Taufe mit der in ihr eingegossenen Trias des Glaubens, der Hoffnung und der Liebe. Die Taufe ist es auch, die unter uns die grundlegende Beziehung herstellt und stiftet, indem sie uns alle zu Söhnen und Töchtern Gottes und zu Schwestern und Brüdern macht in der einen Kirche Jesu, der selbst den Lebenseinsatz seines öffentlichen Wirkens im Wasser der Bußtaufe Johannes des Täufers begonnen hat.

Die Identität Jesu, wer er war und wer er ist, offenbart sich »aus Wasser und Geist« am Jordan, bezeugt vom Himmel her, und in seinem Blut am Kreuz, bezeugt durch das Wort des heidnischen römischen Centurios (Mk 15,39) – beide Male bezeugt als der »Sohn«. Sein Hinuntersteigen ins Taufwasser der Sünder, das Aufreißen des Himmels über ihm, die Salbung mit dem Geist und die Stimme aus dem geöffneten Himmel offenbaren ihn im Hinblick auf die Aufgabe, die ihm übertragen ist (vgl. Jes 42,1ff.!): »Das ist mein geliebter Sohn, an dem ich Gefallen gefunden habe« (Mt 3,17). Markus überliefert uns diese überwältigenden Worte als an Jesus selbst gerichtet: »Du bist mein geliebter Sohn, an dir habe ich Gefallen gefunden« (Mk 1,11).

Durch die Salbung mit dem auf ihn herabkommenden Geist ist er der Gesalbte, der »Messias«, der »Christus«, von dem wir »Christen« den Namen tragen. Zu ihm gehören wir durch unsere Taufe auf ihn, auf seinen Tod und seine Auferstehung und werden ebenfalls mit seiner Salbung, dem Hl. Geist, gesalbt. In der Anrede »mein geliebter Sohn« vom Himmel her ist nicht nur seine persönliche Identität, sondern auch sein darin eingeschlossener Auftrag enthalten: dass er nämlich, was er selbst ist, nicht nur für sich selbst ist. Das ist sein Auftrag: Er soll uns alle zu dem Glauben hinführen, dass auch wir in ihm und mit ihm durch ein und dieselbe Liebe Gottes Töchter und Söhne Gottes sind. Denn Gott »hat uns aus Liebe im Voraus dazu bestimmt, seine Söhne und Töchter zu werden durch Jesus Christus« (Eph 1,5).

In der Taufe Jesu begegnet ihm und uns die Liebe, aus der Jesus als »geliebter Sohn« stammt und beim Namen gerufen ist und lebt, als dieselbe absolut erstbegründende Liebe unserer Existenz, aus der auch wir sind und die uns – eine/-n jede/-n von uns – erschaffen hat und beim Namen ruft. Wie sie ihm die Würde und den Auftrag des Sohnes schenkt und wie sie ihn mit dem Hl. Geist salbt, so ist es auch diese selbe Liebe, die von Grund und Ursprung unserer Existenz auf den Wert und die Würde des Menschseins unauslöschlich ausmacht, in uns einschreibt und uns darin kleidet. Wie Jesus bei seiner Taufe mit der Offenbarung jener Wirklichkeit, die schon von Anfang an in ihm war, überschüttet wird, so begegnen wir in unserer Taufe derselben erst- und existenzbegründenden Liebe unseres Lebens von Anfang an. Und wie Jesus unbegreiflich den Strom der Sünder aufsucht (ein Vorausbild seiner Taufe in »Blut und Wasser« am Kreuz, Lk 12,20; Joh 19,34) und dabei von der offenbaren Erfahrung, unendlich geliebt zu sein, und von seiner Aufgabe, uns alle darin aufzunehmen, überwältigt wird, so erlöst uns Jesus im Wasser der Taufe österlich aus diesem Strom und lässt uns gereinigt jenen überwältigenden Wert und jene Würde neu empfangen, die uns – und allen Menschen – aus derselben unauslöschlichen Liebe von Beginn unserer Existenz an geschenkt sind: Menschen zu sein, Menschen nach seinem Bild, geliebte Söhne und Töchter, gesalbt mit seinem Hl. Geist zu Königen, Priestern und Propheten mit ihm.

Sehr klare Worte lesen wir bei Papst Leo dem Großen († 461): »Mag auch die gesamte Kirche Gottes in bestimmte Rangstufen gegliedert sein ... In der Einheit des Glaubens und der Taufe genießen wir unterschiedslos Gleichheit und gemeinsame Würde. So hören wir aus dem Mund des hochseligen Apostels Petrus: ›Wie lebendige Steine baut euch auf zu geistigen Wohnungen, zu einem heiligen Priestertum, indem ihr geistige Opfer darbringt, die Gott wohlgefällig sind durch Jesus Christus‹ (1 Petr 2,5). Und weiter unten sagt er: ›Ihr seid ein auserwähltes Geschlecht, ein königliches Priestertum, ein heiliger Stamm, zu eigen erworbenes Volk‹ (1 Petr 2,9). Alle, die in Christus wiedergeboren sind, macht das Zeichen des Kreuzes (Zeichen des Ohnmachtsweges, auf dem in der Macht der Liebe unsere Erlösung geschah – d. Verf.) zu Königen, während sie die Salbung des Heiligen Geistes zu Priestern weiht.«[20]

Was ist mit Worten wie diesen im Laufe der Zeit der Kirche geschehen? Wenn wir neu »aus Wasser und Geist geboren« werden, wenn wir getauft und gefirmt[21] werden (was ja beides in eins zusammengehört, in der Ostkirche beisammenblieb und auch bei uns bei der Erwachsenentaufe, verbunden mit der vollen Mitfeier der Eucharistie, wieder zusammen gefeiert wird), werden die unerhörten Worte über uns und zu uns gesagt: dass wir in Jesus und mit ihm, dem geliebten Sohn, »Kind (= Sohn und Tochter) Gottes« sind. Und wir werden gesalbt mit demselben Hl. Geist, mit dem wir Jesus seit seiner Taufe gesalbt sehen.

Das bedeutet, dass wir ihm nun eingegliedert ganz ähnlich und in einem wahren Sinn gleich sind, »der Priester, König und Prophet ist in Ewigkeit«. Ja, das alles geschieht an uns Christen durch die Jahrhunderte. Und doch: »unterschiedslos(e) Gleichheit und gemeinsame Würde«, bezogen auf alle Glaubenden, müssen wir erst wiedergewinnen; und wer sagt und eröffnet uns wirksam, was Leo oben sagt, dass wir durch Taufe und Firmung »Könige« im Zeichen des Kreuzes sind und uns »die Salbung des Heiligen Geistes zu Priestern weiht«?
Wieder ist es das Zweite Vatikanum, das wertet und würdigt, was uns allen gemeinsam ist, indem es von der »Taufweihe« (»baptismatis consecratio« PC 5; »durch die Taufe … Gott geweiht« LG 44) spricht. Das ist selbstverständlich nicht so gemeint, dass alle anderen Weihen nicht mehr nötig wären. Die Weihe der Taufe ist vielmehr die Basis aller Entfaltungen, Gestalten und Dienste des christlichen Lebens (vgl. z.B. UR 22; AG 36). In diesem Wort von der Taufweihe wird uns allen die gemeinsame und grundlegende Weihe an Gott und für unsere Berufungen unter den Menschen in der Welt und in der Kirche zugesprochen. Seine Liebe macht uns wertvoll und würdigt uns und weiht uns von Grund auf. In der Tat spricht das Zweite Vatikanum, wir erinnern uns an Leo den Großen, von der Taufe als von einer Priesterweihe! In Taufe und Firmung werden wir alle im wahren und grundlegenden Sinn zu Priestern geweiht: zu Menschen, die in Jesus freien Zugang zum Vater haben, an seinem Opfer teilhaben und unseren Schwestern und Brüdern seine Botschaft, seine Liebe und Vergebung weiter vermitteln. Nicht alle können und wollen und sollen Presbyter sein. Aber alle sind Priester, geweiht zu einer heiligen Priesterschaft:

»Christus der Herr, als Hoherpriester aus den Menschen genommen (vgl. Hebr 5,1–5), hat das neue Volk ›zum Königreich und zu Priestern für Gott und seinen Vater gemacht‹ (vgl. Offb 1,6; 5,9–10). Durch die Wiedergeburt und die Salbung mit dem Heiligen Geist werden die Getauften zu einem geistigen Bau und einem heiligen Priestertum geweiht, damit sie in allen Werken eines christlichen Menschen geistige Opfer darbringen und die Machttaten dessen verkünden, der sie aus der Finsternis in sein wunderbares Licht berufen hat (vgl. 1 Petr 2,4–10). So sollen alle Jünger Christi ausharren im Gebet und gemeinsam Gott loben (vgl. Apg 2,42–47) und sich als lebendige, heilige, Gott wohlgefällige Opfergabe darbringen (vgl. Röm 12,1); überall auf Erden sollen sie für Christus Zeugnis geben und allen, die es fordern, Rechenschaft ablegen von der Hoffnung auf das ewige Leben, die in ihnen ist (vgl. 1 Petr 3,15)« (LG 10).
Er, Jesus, ist der Erstgeborene. Und wir alle, mit ihm geboren aus Wasser und Geist nach seinem Bild, teilen als seine Schwestern und Brüder seine Würde und seinen Auftrag und sind, was er auf seine einzigartige Weise ist: »Könige, Priester und Propheten« mit ihm.

Mit dem Wort »Priester« (ἱερεύς) werden, wie wir gesehen haben, im Neuen Testament nur Jesus und alle Getauften bezeichnet. Jesus ist der einzige Priester (bzw. »Hohepriester«). Sein Priestertum ist durch seine Bestellung durch Gott (Hebr 7,21; Mk 1,11par) und seine einzigartige Selbsthingabe (Hebr 9,14) unverwechselbar gekennzeichnet. Seine Priesterwürde, an der alle Getauften teilhaben, ist nicht die Würde eines Priesters im Sinn eines religiösen Kultes. Jesus ist Priester im Sinn jener höchsten und letzten Frei-

heit, die wir Liebe nennen: sich selbst besitzen und geben zu können ohne Einschränkung (vgl. Joh 10,17f.). Deshalb sind wir nicht nach außen hin sichtbar mit dieser Würde bekleidet, sondern »die Liebe Christi drängt uns« (2 Kor 5,14) und ist die Seele unseres Priestertums. Um diese Besonderheit der priesterlichen Würde aller Getauften müssen wir wissen, wenn wir uns bemühen und dafür einsetzen, sie wieder aufzurichten. Und es ist wichtig zu wissen, dass auch der Presbyterat, das Dienstamt in der Kirche, aus dieser selben Quelle sein Leben bezieht.
Zu unserer Würde als Christen gehört, dass wir nicht nur Priester sind, sondern eine »königliche Priesterschaft« (1 Petr 2,9), Priester, denen mit Jesus »königliche Herrschaft« »auf der Erde« (Offb 5,10) und »königliches Herrschen« »tausend Jahre« und »bis in die Ewigkeiten der Ewigkeiten« (Offb 20,6; 22,5) anvertraut ist. Dies unterstreicht das Gewicht der uns mit Jesus von Gott geschenkten Würde. Sie findet Ausdruck nicht nur in Begriffen und Bildern religiöser, sondern auch irdischer Macht. Von dieser königlichen Würde gilt im Wesentlichen dasselbe, was im vorausgehenden Absatz von der priesterlichen Würde Jesu gesagt wurde. Seine Königsherrschaft ist von ganz besonderer, einmaliger Art: sie »ist nicht von hier« (Joh 18,36). Sein Verständnis von Würde und Herrschen unterläuft und sprengt unsere gängigen Kategorien (vgl. etwa Mk 10,45par). Seine Liebe drängt uns, Spuren dieser wahrhaftigen Herrschaft und königlichen Würde, die er schon in uns hineingelegt hat, in/an uns zu erfahren und selbst und für andere zu leben.
In gleicher Weise nehmen wir alle an Würde und Auftrag des »Propheten« Jesus teil, wie sie uns im Taufritus zugesprochen werden. Ich möchte darauf in dem Abschnitt nä-

her eingehen, der von unserem gemeinsamen Verkündigungsauftrag handelt. Der Titel »Prophet« besagt, zwar einerseits in der Tradition des Alten Testamentes stehend, auf Jesus bezogen wiederum eine einzigartige Bedeutung und Würde. Jesus hat den Auftrag, das »Reich«, die »Königsherrschaft Gottes« zu verkünden, die mit ihm unmittelbar nahegekommen ist. Sie ist in ihm so nahe und gegenwärtig, dass, wer immer Jesus begegnet und ihn hört, sie ergreifen kann. Seine Verkündigung des Reiches Gottes in Wort und Tat ist untrennbar mit ihm verbunden und drängt heute ebenso aktuell wie damals an uns und durch uns heran. Er ist als der ersehnte »Messias« der Prophet in letzter und endgültiger Gestalt. Wir alle teilen als Getaufte diese seine Würde und seinen Auftrag und verkünden, vergegenwärtigen und ermöglichen in Glaube und Liebe vollmächtig hier und jetzt die Ankunft des Reiches Gottes, das Jesus selber herbeiführt und ist.

Da uns Gott so innig mit seinem Sohn verbunden hat, sind wir »ein heiliger Stamm, ein Volk, das sein (Gottes) besonderes Eigentum wurde« (Petr 2,9; Tit 2,14: »ein Volk zum Eigentum«; vgl. Ex 19,5). In der Taufe Jesu zeigt sich, dass Gott seinen geliebten Sohn, an dem er seine ganze Freude hat, als den Erstgeborenen eines großen Volkes sehen will; eines Volkes, das er in ihm, Jesus, geschaffen hat, und das Jesus ihm aus der Fremde zurückholen soll; eines Volkes, das niemand zählen kann (Gen 32,13; Offb 7,9). Durch die Taufe auf seinen Namen sind wir von seinem Stamm, »der göttlichen Natur teilhaftig und so wirklich heilig« (LG 40). Und durch dieselbe Liebe, aus der Jesus ist und lebt, ist diesem Volk, das wir sind, dieselbe Würde geschenkt wie dem geliebten Sohn, der es durch seinen selbstlosen Lebenseinsatz »aus der Finsternis in sein (Gottes) wunderbares

Licht« zurückgeführt hat: »Einst wart ihr nicht sein Volk, jetzt aber seid ihr Gottes Volk; einst gab es für euch kein Erbarmen, jetzt aber habt ihr Erbarmen gefunden« (1 Petr 2,9f.).

Freier Zugang

»Denn das wird der Bund sein, den ich nach diesen Tagen mit dem Haus Israel schließe – Spruch des Herrn: Ich lege mein Gesetz in sie hinein und schreibe es auf ihr Herz. Ich werde ihr Gott sein, und sie werden mein Volk sein. Keiner wird mehr den andern belehren, man wird nicht zueinander sagen: Erkennt den Herrn!, sondern sie alle, klein und groß, werden mich erkennen – Spruch des Herrn.« So lesen wir schon im Alten Testament. Die Hindernisse, die sich dagegenstellen wollen, schafft Gott in seinem leidenschaftlichen und immer österlichen Vergebungswillen selber fort: »Denn ich verzeihe ihnen die Schuld, an ihre Sünde denke ich nicht mehr« (Jer 31,33f.).

1. Freier Zugang für alle

Der Priester im jüdischen wie auch im heidnischen Umfeld der frühen Christen hat, wie schon gesagt, deshalb eine hervorgehobene Stellung, weil er Zugang hat zu den heiligen und allerheiligsten Bezirken der Gottesnähe, sich kultisch – mit Riten, Opfern und Gebeten – der Gottheit nahen darf und als Mittler zwischen ihr und dem Volk fungieren kann. An die Stelle dieser durch Auswahl oder durch Erbfolge amtlich bestellten Priester, zahlenmäßig naturgemäß begrenzt und z.T. standesmäßig gesondert, sind nun im frühen Christentum alle Christen getreten, also alle, die an Jesus glauben und sich als von ihm Erlöste an ihn halten und zu ihm bekennen. Sie alle sind Priester mit ihm »für seinen Gott und Vater« (Offb 1,6) und haben Zugang

mit ihm zu seinem Gott. In der Hingabe seines Lebens für uns hat er uns Vergebung und eine offene Türe geschaffen, ist sein Vater unser aller Vater geworden und sein Gott unser aller Gott (vgl. Joh 20,17). Wir sind aufgenommen in das persönliche Gottesverhältnis Jesu, das einzigartig ist an Vertrautheit und Nähe und das er ganz vorbehaltlos, freimütig und liebevoll mit uns, seinen Schwestern und Brüdern, teilt. Denn dazu ist er einer von uns geworden.
Jesus ist durch seine liebevolle Hingabe für uns ein für allemal und für immer »vor das Angesicht Gottes« gelangt (Hebr 9,24) und hat uns dahin mitgenommen. Seither ist uns ein Leben in der täglichen Nähe und Gegenwart Gottes geschenkt, ein Leben mit ihm im selben Haus, ein Leben in ständiger Tuchfühlung und Berührung mit Gott. Der Vorhang, der das Allerheiligste in weite Ferne gerückt hatte, ist zerrissen (Mt 27,51). Es gibt ihn nicht mehr. Die Türen aller Zimmerfluchten (so es dort solche überhaupt gibt) im Haus des Vaters, nochmals bildlich gesprochen, stehen offen und sind frei passierbar. Und wer dennoch antichambriert, ist sich der Freiheit, die ihm/ihr geschenkt wurde, noch nicht bewusst geworden oder mag sie, aus welchen Gründen auch immer, nicht wahrhaben.
Auch der Epheserbrief z.B. ist höchst interessiert an dem Zugang zu Gott, den wir in Jesus haben. Er sieht unser Leben als Christen auf einem hohen Niveau: Gott »hat uns mit Christus auferweckt und uns zusammen mit ihm einen Platz im Himmel gegeben« (Eph 2,6). So mit Christus in die Nähe Gottes erhoben, haben durch ihn, Christus, »wir beide (d.h. die ›Fernen‹/die Heiden und die ›Nahen‹/die Juden, also unterschiedslos alle) in dem einen Geist Zugang zum Vater« (2,18). Und nochmals eine Stufe ausdrücklicher: In Christus Jesus »haben wir freies Wort und Zugang

(παρρησίαν και προσαγωγήν – kurz, mit der Einheitsübersetzung, »freien Zugang«) durch das Vertrauen, das der Glaube schenkt« (3,12). In Jesus ist uns geschenkt, nicht an heilige Zeiten oder heilige Orte gebunden, jederzeit und an jedem Ort, ohne ein kultisches oder welches Zeremoniell auch immer, ohne Ansuchen und irgendwelche Formalitäten zu Gott zu kommen mit freier Gesprächszeit und mit ihm zu reden, so wie uns zu Mute ist und wie das Herz es uns eingibt und unser Mund gewachsen ist. Und/Oder um einfach bei ihm zu sein. Und/Oder einfach um ihn »zu finden«, wie etwa Ignatius von Loyola von sich selbst in seinen späten Jahren erzählt und bezeugt: »So wachse er immer in der Andacht, das heißt in der Leichtigkeit, Gott zu finden, und jetzt mehr als in seinem ganzen Leben. Und jedes Mal und zu jeder Stunde, dass er Gott finden wolle, finde er ihn.«[22] Aus der Erfahrung und Überzeugung solch einfacher Nähe und Zugänglichkeit Gottes in allem hat derselbe Ignatius etwa den Studierenden als gute und leichtere Weise des Betens empfohlen, »die Gegenwart unseres Herrn in allen Dingen zu suchen, wie im Umgang mit jemand, im Gehen, Sehen, Schmecken, Hören, Verstehen und in allem, was wir tun ...«[23]

2. Abba – Vater

»Herr, lehre uns beten« hatte einer seiner Jünger Jesus gebeten (Lk 11,1), wohl weil sie merkten, was das Gebet ihm bedeutete, und weil sie den Wunsch hatten, ebenso lebendig, einfach und ohne komplizierten Aufwand beten zu können, wie sie es an ihm erlebten. Das Gebet, oder besser das Beten, das er uns lehrt, beginnt mit einer völlig schmucklosen Anrede – so, als legte der Angeredete keinerlei Wert auf einen Höflichkeitsabstand; so, als lebte er schon lange mit uns in derselben Familie und wäre uns daher bestens bekannt und vertraut:

»Vater,
dein Name werde geheiligt,
dein Reich komme.
Gib uns täglich das Brot, das wir brauchen,
und erlass uns unsere Sünden,
denn auch wir erlassen jedem, was er uns schuldig ist.
Und führe uns nicht in Versuchung« (Lk 11,2–4).[24]

»Vater«. Die ganze Gebetsanweisung, denkbar schlicht, sowohl was die Gotteserkenntnis, den Zugang zu ihm wie auch den Inhalt und die Worte des Betens angeht, lebt von dieser einfachen Anrede. Die einzige wirkliche Zugangsbedingung, das einzig Unbedingte, an das Jesus das Beten und seine Erhörung knüpft, ist dies: dass »auch wir erlassen jedem, was er uns schuldig ist« – so wie der, zu dem wir da sprechen, es selber tut (vgl. Mt 6,12.14f.; 18,23ff.). Jesus hat unserem Suchen nach der Erkenntnis Gottes und einem Zugang zu ihm durch die Einfachheit, Schlichtheit und Unmittelbarkeit seines Betens einen völlig neuen Weg gewiesen. Er hat mit kindlicher Selbstverständlichkeit auch in höchster Not von Leib und Leben und Verwerfung Gott seinen Vater, seinen »Abba« genannt (Mk 14,36), und sein Geist, der in uns betet, nennt ihn ebenso kindlich selbstverständlich beim selben Namen (Röm 8,15): »Abba« – lieber Vater! Der tiefste und letzte Grund aller Wirklichkeit und unseres Lebens, der uns durch Jesus erschlossen ist, ist lautere Liebe, hinter der es nichts anderes mehr gibt. Er ist das Geheimnis unseres Lebens, und wir können zu ihm gehen, ihn jederzeit aufsuchen, ohne Etikette. Das ist uns allen durch Jesus verbürgt.

3. Karl Rahner: »Die Würde deines Gebetes«

»Erkenne die Würde deines Gebets! Wenn du bekennst, dass du der göttlichen Natur teilhaftig geworden bist, dann bekennst du damit auch, dass dein Gebet nicht bloß das Gebet eines Menschen, des Menschen in dir ist, sondern auch des Geistes Gottes in dir. Noch merkst du selbst nicht, welch ungeheure Dinge sich in den Abgründen deines Herzens begeben, wenn du zu sprechen beginnst: Vater unser. Noch klingt dir das selbst arm, hilflos, dürr und vielleicht sogar anmaßend, noch mag dir scheinen, als ginge bei diesen Worten selbst das bisschen Herz nicht mit, das du schon in dir erfahren hast.
Aber in Wirklichkeit ist es ganz anders: Wenn der Geist Gottes in dir ist, und Er ist es – oder sind wir nicht Getaufte, die sich in Glaube und Liebe zu Christus bekennen? –, dann spricht Er in uns.«[25]

4. Methoden reichen nicht

Es gibt ganz viele, ja wohl unendlich viele Weisen des Betens – auch des christlichen Betens, so viele, wie es Menschen und Christen gibt. Es gibt auch sehr viele Bräuche im christlichen Beten, viele, oft auch recht kompliziert erscheinende Anweisungen und Zugangshilfen. Sie konnten und können es nicht verhindern, dass uns vielfach der Zugang verloren gegangen ist, ja sie haben vielleicht auch durch eine Starre und ein Übergewicht zu seiner Verschüttung beigetragen. Wir werden von Meditationsangeboten und Praktiken anderer Religionen überhäuft, und diese üben eine je ganz eigene Faszination und Anziehungskraft auf uns aus, indem sie uns statt des verschütteten Zugangs andere, neue Zugangswege versprechen. Das lebendige persönliche und gemeinsame Kommunizieren mit Gott leidet jedoch unter einem Überbetonen und einem Übergewicht von Methoden, Worten und Praktiken. Jesus warnt ganz ausdrücklich vor der Meinung, wir müssten uns vieler Worte oder – sinngemäß – bestimmter Methoden bedienen, um Zugang zu Gott zu bekommen (Mt 6,7f.). Natürlich brauchen wir Hilfen, auch Worte und auch Methodisches, aber wir sollten das niemals wuchern lassen und nie meinen, dass der Zugang daran hängt. Es braucht auch zweifellos Zeiten fürs Beten. Jesus selbst hat sie als etwas Lebensnotwendiges gesucht, so etwa die Stille und das Dunkel der Nacht (vgl. Mk 1,35; 6,45; 14,32ff.; Lk 6,12; usw.). Vor allem aber geht es einzig und allein darum, dass wir es tun; dass wir es tun, so wie wir es vermögen, und dass wir Kontakt halten mit dem, der uns nicht weniger sucht als wir ihn; dass wir in Kommunikation bleiben mit der Liebe unseres Lebens, die ohne Boden und Grenzen ist, und sie jeweils neu suchen.

Auch ist dem Beten »im Geist und in der Wahrheit« (Joh 4,23) jede Zurschaustellung zuwider. Der dem Gebet entsprechende Ort ist vielmehr die »verschlossene Kammer« (Mt 6,5f.) als Symbol der Diskretion und der Verborgenheit des Herzens. Denn es geht da um eine einmalig innige persönliche Beziehung, die ihren Sinn und ihren Wert in sich selbst hat und die als solche ernst genommen und nicht verzweckt werden will. Es ist eigentlich keine methodische Anweisung, die uns Jesus hier gibt, sondern er führt uns deutlich vor Augen, was Beten in Wirklichkeit ist: direkter, persönlicher Zugang zum Vater, von Person zu Person, von Herz zu Herz, ohne Umwege oder Nebenfahrbahnen.

Jesus spricht, betet und handelt wie einer, der die Vollmacht freien Zugangs hat. »Mir ist von meinem Vater alles übergeben worden; niemand kennt den Sohn, nur der Vater, und niemand kennt den Vater, nur der Sohn und der, dem es der Sohn offenbaren will« (Mt 11,27). Alles ist ihm übergeben, das Erkennen seines Vaters und das von ihm Erkanntwerden in Liebe. Gott, sein Vater, steht ihm uneingeschränkt offen, und mit großer Freude sieht er gerade die »Unmündigen« daran teilhaben (Mt 11,26f.). Denn er ist einer und der Erste von ihnen. Gerade sie erleben bereitwillig das Neue, das mit Jesus auf sie zukommt. Sie nützen die Vollmacht, die sie zusammen mit ihm haben. Sie ergreifen das Angebotene und treten mit Freude in die neue Gottesbeziehung ein, die sich ihnen da eröffnet. Sie sind und bleiben »Unmündige«, da sie, wie Jesus, nichts aus sich selbst für sich selbst besorgen können und wollen und mit ihm wissen: »mein Recht liegt beim Herrn … meinem Gott« (Jes 49,4). Als Glaubende gehören wir zu ihnen und leben schon jetzt in der »Freiheit und Herrlichkeit der Kinder Gottes« (Röm 8,21). Unser Beten und unser Leben leiden daran, dass wir die Vollmacht des freien Zugangs zu Gott oft recht wenig in Anspruch zu nehmen wissen – allzu oft auch deshalb, weil ein Hinweis oder ein Beispiel fehlt. Wir Christen gehören zu »diesen Kleinen«, von denen Jesus sagt: »Ihre Engel im Himmel sehen stets das Angesicht meines himmlischen Vaters« (Mt 18,10). Wir leben in Unmittelbarkeit zu Gott, und wir sollen das dankbar und mit Freude wissen. Jesus sieht uns unmittelbar einbezogen in die strömende Bewegung der Liebe, die von seinem Vater ausgeht und in die wir uns bei Jesus »eingeklinkt« haben; er spricht davon beinahe so, als bedürfe es für uns keiner Vermittlung mehr: »... ich sage nicht, dass ich den Vater für euch bitten werde; denn der Vater selbst liebt euch, weil ihr mich geliebt und geglaubt habt ...« (Joh 16,26f.). Jesus will, dass wir um unsere ihm gleichgestellte Bedeutung wissen. Er will, dass wir unseren freien Zugang und singulären Platz bei Gott kennen und in Vollmacht wahrnehmen – für uns selbst, für die, die uns anvertraut sind, und für alle Menschen. Der folgende Abschnitt möchte diese Unmittelbarkeit als Lebensdynamik veranschaulichen.

5. Thérèse Martin: Ein ganz kleiner Weg[26]

Thérèse Martin (1873–1897) hat schon als Kind und als ganz junge Karmelitin im Karmel von Lisieux mit faszinierender Ursprünglichkeit, Entschiedenheit und Liebe den Zugang zu Gott, den wir in Jesus haben, erkannt und ergriffen.

Auf der Suche nach ihrer persönlichen Berufung fand sie schließlich: »Meine Berufung ist die Liebe«, die Liebe, die »im Herzen der Kirche« brennt und »alle Berufungen in sich schließt« (200f.), die sie in sich fühlte; auch die des Priesters (198). Beeindruckend ist ihr einfacher Weg, den sie findet und konsequent geht. Sie weiß sich als »klein«, als eine der »ganz Kleinen«. Die Arme Jesu sind ihr »Fahrstuhl« (damals eine noch neue Erfindung, den eher Vermögenden und Vornehmen vorbehalten), also ihr schneller und freier Zugang zu Gott. Ihren Platz, den sie bei ihm hat und den sie als den ihren einnimmt, beschreibt sie mit den folgenden Worten der Schrift: »Wie eine Mutter ihr Kind liebkost, so will ich euch trösten; an meiner Brust will ich euch tragen und auf meinen Knien euch wiegen« (vgl. Jes 66,13.12).

Es ist eine aus der Hl. Schrift gewonnene und zugleich geniale (es gibt auch eine spirituelle Genialität, eine Genialität des Glaubens und der Liebe!) Unmittelbarkeit des Zugangs und der Zugehörigkeit, die ihre Beziehung zu Jesus, zu Gott und zu den Menschen kennzeichnet. Ihr ganzes Beten, ihr Leben und ihre Arbeit sind davon geprägt, wie die folgende Notiz in ihren Aufzeichnungen zeigt. Mit geistlicher Begleitung der Novizinnen betraut, »erkannte ich sogleich, dass die Aufgabe meine Kräfte überstieg, da barg ich mich schnell in den Armen des Lieben Gottes, versteckte mein Gesicht in seinem Haar wie ein kleines Kind und sagte zu Ihm: Herr, ich bin zu klein, um deine Kinder zu nähren; willst du ihnen durch mich austeilen …, so fülle meine kleine Hand, und ohne deine Arme zu verlassen, ohne den Kopf zu wenden, werde ich deine Schätze der Seele geben, die mich um ihre Nahrung bitten wird« (249f.). Diese junge Frau nutzt mit der Direktheit eines Kindes die Vollmacht des Zugangs zu Gott, die uns gegeben ist. Und sie nutzt ihren Platz bei ihm, auf seinem Schoß und auf seinen Armen – aber nicht nur für sich selbst, sondern zugleich für die, für die sie Verantwortung übernommen hat. Ebenso will sie auch dereinst ihr Leben mit Gott im Himmel verbringen. Dasselbe gilt ja auch für uns, dass nämlich der Zugang, den wir alle haben, nicht nur uns selbst, sondern zugleich der Vermittlung jeweils für viele andere dient.

Schließlich nochmals zur Weise ihres Zugangs. Sie ist entschieden der Meinung, »keiner umständlichen Mittel« zu bedürfen (269). »Wie groß ist doch die Macht des *Gebetes*! Man könnte es mit einer Königin vergleichen, die allzeit freien Zutritt hat beim König und alles erlangen kann, worum sie bittet. Es ist durchaus nicht nötig, ein schönes, für den entsprechenden Fall formuliertes Gebet aus einem Buch zu lesen, um Erhörung zu finden.« So »mache ich es wie die Kinder, die nicht lesen können, ich sage dem lieben Gott ganz einfach, was ich ihm sagen will, ohne schöne Phrasen zu machen, und Er versteht mich immer ... Für mich ist das *Gebet* ein Schwung des Herzens, ein Blick zum Himmel empor, ein Schrei der Dankbarkeit und der Liebe, aus der Mitte der Prüfung wie aus der Mitte der Freude ...« (254f.). Mit ursprünglicher Frische hilft uns Thérèse Martin, das schon oben genannte Wort Jesu zu verstehen, das in der Freude des Heiligen Geistes aus ihm herausbricht: dass nämlich den »Unmündigen« spontan offen steht, was den »Weisen und Klugen« verborgen bleibt (Mt 11,25).

Es ist der freie Zugang in seiner immer neuen Frische und Ursprünglichkeit, der uns mit Jesus zu Priestern macht – zu Priestern nicht in einem kultischen Sinn, sondern zu Priestern aller Tage und Stunden unseres Lebens. Ein Freund hat mich auf den schönen italienischen Ausdruck »cuor cuore con Dio« aufmerksam gemacht. Ein solches »von Herz zu Herz mit Gott« (wie das ja auch wunderbar unter Menschen möglich sein kann) ereignet sich vermutlich viel häufiger, als wir denken, und oft wohl in ganz einfachen, nicht durch allzu viele Methoden verfremdeten, Gott suchenden Beterinnen und Betern.

6. Priesterliche Vollmacht

Wie Jesus Priester ist jenseits aller uns sonst bekannten Bedeutungen und Assoziationen, so sind es auch wir. Der freie Zugang Jesu zu Gott ist eine Vollmacht, die er als Sohn hat. Und durch seine Lebenshingabe für uns kommt sie ihm nun nicht nur für sich selbst zu, sondern bezieht uns alle ein. Diese Vollmacht mit uns zu teilen, ist ein leidenschaftliches und wesentliches Merkmal seines Priestertums. So ist auch die Vollmacht unseres freien Zugangs zu Gott, die wir durch ihn haben, ein wesentliches und zu teilendes Merkmal unseres Priestertums, des gemeinsamen Priestertums aller, die an ihn glauben. Es ist eine Vollmacht, die uns für uns selbst gegeben ist und zugleich dazu, auch viele andere darin aufzunehmen. Indem wir jederzeit uns selbst vor das Angesicht Gottes bringen können, bringen wir auch unsere Mitmenschen in Sehnsucht, Verstrickung, Mühe, Vergebung, Mitgefühl und Liebe mit. Wir sind gerufen, unsere priesterliche Aufgabe in der Welt und an den Menschen der Welt zu leben kraft der Taufweihe, die auch unsere Priesterweihe ist und die wir im Namen Jesu empfangen haben. Wir leben sie durch unser Leben inmitten unserer Gemeinschaften, der Kirche und der Welt in Freiheit und Verantwortung.

Was auffällt, ist, dass das gemeinsame Priestertum mit seinem freien Zugang zu Gott viel innere und äußere Freiheit besitzt. Freilich ist und bleibt sein angestammter Entfaltungsraum die Gemeinschaft der Kirche, in deren Verantwortung es zugleich liegt, ob sie dieses Priestertum den Glaubenden bewusst macht, es belebt und begleitet, oder ob sie es versickern lässt. Das gemeinsame Priestertum verfügt durchaus über eine gewisse »Autonomie« oder »Autarkie« und lässt sich nicht in gleicher Weise kirchlich leiten und verwalten wie der Presbyterat als solcher, also der für die Kirche als geordnetes Gemeinwesen notwendige, mit dem Episkopat verbundene »Ordo«. Denn es handelt sich da im Priestertum aller um eine Basiswirklichkeit auf dem je eigenen Boden jedes und jeder Getauften. Selbst im Konfliktfall bleibt es, auch im Presbyter, nicht nur bestehen, sondern kann lebendig zu Gott und zu den Menschen hin ausgeübt werden auf der Basis der Taufe, der Firmung und des Menschseins überhaupt. Um ein Bild zu gebrauchen, das zwar einerseits »missverständlich« ist und andererseits, recht verstanden, die Sache doch deutlich macht: Wenn die Bewässerung eines »Landes« (gemeint damit ist der jeweilige Mensch und Christ) aus den »ungeheuren und komplizierten Bewässerungssystemen« der Kirchengemeinschaft als mangelhaft und unzureichend empfunden wird oder gar unterbrochen ist oder scheint, steht uns doch immer der freie Zugang zu Gott offen; denn es gibt »gewissermaßen eine Tiefenbohrung auf diesem Land selbst, so dass aus einer solchen Quelle, so erbohrt, inmitten dieses Landes selbst die Wasser des lebendigen Geistes emporsprudeln in das ewige Leben, wie es doch eigentlich bei Johannes schon steht«. Es ist hier ein deutlicher Akzent auf die jedem Christen geschenkte Eigenwirklichkeit und ihre Kräfte gesetzt, im Sinne dieses Buches also auf sein unveräußerliches Priestertum, das jederzeit und wo immer auf eigenem Land mit den Tiefen Gottes in lebendigen Kontakt kommen kann. Das Bild bedarf freilich, um nicht »schief« zu sein, einer Hinzufügung: »Es gibt keinen letzten Gegensatz zwischen dieser eigenen Quelle und dem Bewässerungssystem von außen her.«[27] Es soll und will also synergetisch verstanden sein. Ebenso will auch der Entdeckungsweg, den ich hier im Bezug auf das gemeinsame Priestertum gehe, nicht irgendwem irgendwo irgendwie Wasser abgraben – ein, wie auch immer, mir absurder Gedanke –, sondern vielmehr durch die, die davon angesprochen sind, der Kirche aus den gemeinsamen Brunnenstuben neues und sprudelndes Wasser zuführen.

Selbstgabe

»Deus nos quaerit, non nostra.« »Gott sucht uns, nicht das Unsrige.«[28]

1. Gott ist Selbstgabe

Am Anfang von allem, was ist, begegnet uns das Wort (vgl. Joh 1,1ff.). Nichts hat angefangen und ist geworden ohne das Wort. Dieses Wort, aus dem alles geworden ist, ist nicht ein Wort von der Art, wie es die meisten unserer oft irgendwie dahingesagten Worte sind. Es ist vielmehr ein Wort der Selbstmitteilung. Es ist das Wort, in dem Gott als Schöpfer sich selbst in das, was nicht ist, hinaussagt und hinauswagt in der Hoffnung, eine Antwort zu bekommen. Es gibt absolut und ausnahmslos nichts, das nicht aus dem Sich-selbst-Hinaussagen Gottes geworden ist. Sein Schaffen geschieht nicht aus ferner Distanz, sondern ist ureigenster persönlicher Ausdruck, ist vorbehaltlos engagierte Selbstaussage, Selbstmitteilung und Selbstentäußerung Gottes an sein Geschöpf in Schöpfung und Gnade. Ein Theologe wie Karl Rahner etwa ist nicht müde geworden, so von Gott und seinem Geheimnis zu sprechen. Ignatius von Loyola lässt, »um Liebe zu erlangen«, nach dem Bedenken all der Gaben Gottes »folgerichtig« erwägen, »wie sehr derselbe Herr danach verlangt, Sich selbst mir zu geben, soweit Er es nur vermag«.[29] Dazu fügt sich konsequent das in der NS-Haft geschriebene bekannte Wort von Alfred Delp: »Aus allen Poren der Dinge quillt er gleichsam uns entgegen.«[30]

Alles begann und beginnt bis heute mit einer Entäußerung. Alles, was ist, und vor allem wir selbst, alles verdankt sich der Selbstgabe Gottes. Vielleicht kann uns eine kleine Begebenheit, die uns Christian Kummer berichtet, verstehen helfen, was damit gemeint ist: In dem Büchlein »Hallo, Mister Gott, hier spricht Anna« sagt Anna einmal, ihr Gott sei »ganz leer«. In einem Gesprächskreis, der sich eines Abends mit diesem etwas rätselhaften Wort abmühte und in nachdenkliches Schweigen verfallen war, fand schließlich ein Teilnehmer – von Beruf Uhrmacher, kein Theologe – die folgende Interpretation: »Gott ist ständig ganz verschenkt.«[31] Leer, weil »ständig ganz verschenkt« (jedes einzelne Wort ist da wichtig!), ganz verschenkt an uns, in allen Dingen. So ist Gott in seiner Selbstmitteilung, so ist seine Selbstgabe, ohne die nichts von dem wäre, was ist und geworden ist – wir selbst nicht und auch alles andere nicht. Denn Gott ist Selbstgabe. Er ist Selbstgabe nach »innen«, in seinem eigenen inneren Leben, und nach »außen«, in seinem Leben mit uns inmitten seiner Schöpfung.

2. Das Opfer Jesu: sein Priestertum einzigartiger Selbstgabe

Die Selbstgabe Gottes an uns findet ihren Höhepunkt in der erlösenden Selbstgabe Jesu, die sich an Gott, seinen Vater, seinen Abba ebenso richtet wie an uns. Sie ist die von Gott ersehnte Antwort des Menschen auf sein ursprüngliches und nie zurückgenommenes Wort und zugleich das endgültige Ankommen dieses seines Wortes in uns und unter uns. Denn »nicht mit dem Blut von Böcken und jungen Stieren« ist Jesus »ein für allemal (ἐφάπαξ) in das Heiligtum hineingegangen« (Hebr 9,12), also nicht mit den Opfern des Alten Bundes und nicht mit irgendetwas anderem, das eine entsprechende Antwort an den sich selbst schenkenden Gott hätte sein können. Vielmehr ist er »mit seinem eigenen Blut« (ebd.) hineingegangen und hat so »sich selbst kraft ewigen Geistes Gott als makelloses Opfer dargebracht« (Hebr 9, 14). Jesus, der am Kreuz sein Blut vergossen hat, ist durch seinen Tod hindurch in das himmlische Heiligtum gelangt, an den »Ort« der unmittelbaren Gottesnähe. In seiner freiwilligen Lebenshingabe für uns hat er »ein für allemal« sich selbst als »Opfer« dargebracht (vgl. Hebr 9,26; 10,12) und damit alle kultischen Opfer überboten. Er ist auf einzigartige Weise sowohl mit uns als auch mit Gott verbunden und kann »die, die durch ihn vor Gott hintreten, für immer retten; denn er lebt allezeit, um für uns einzutreten« (Hebr 7,25). Als »Vorläufer für uns« hat er uns einen »neuen und lebendigen Weg« zu Gott erschlossen.

Das Bild vom »Lamm, das dasteht wie geschlachtet« (Offb 5,6), sehen wir also nur dann richtig, wenn es uns nicht nur seine stumme Bereitschaft zum Todesleiden (Jes 53,7) zum Ausdruck bringt, sondern vor allem die darin eingeschlossene entschlossene Tat der Selbstgabe. Seine Selbstgabe an uns im Leiden (er hat »sich selbst [!] ... dargebracht«) entspricht vollkommen der rückhaltlosen Selbstgabe Gottes an uns. Sie offenbart nicht nur seine, sondern zugleich Gottes Antwort auf die von ihm durch uns erlittene Verwerfung und gewaltsame Tötung. In dieser vollkommenen Gleichsinnigkeit mit der Selbstgabe Gottes an uns hat Jesus freien Zugang zu Gott und wir mit ihm, in wahrhaftiger Vergebung der Sünden (Hebr 10,12.17f.). In seiner Selbstgabe (»mit seinem eigenen [!] Blut«) bis in den Tod zeigt sich uns sein einmaliges Priestertum, das von nun an allein diesen Namen verdient (z.B. Hebr 10,11ff.).

3. Unsere Opfer: unser Priestertum der Selbstgabe im Alltag[32]

Obwohl nach der Theologie des Hebräerbriefes Jesus, uns »in allem gleich«, durch seine Selbstdarbringung der einzige Priester und »Hohepriester vor Gott« (Hebr 2,17) ist, werden wir dennoch aufgefordert, selbst auch Opfer darzubringen (Hebr 13,15). »Darbringen« eines »Opfers« ist ein Ausdruck aus der Kultsprache, den der Brief auch für die Selbstgabe Jesu gebraucht (Hebr 7,27; 9,28). Wir dürfen darin wohl ein nachfolgendes Teilhaben am einzigen Priestertum Jesu angedeutet finden. Diese Opfer haben nichts Grandioses an sich. Und das brauchen sie auch nicht zu haben. Denn es sind nicht Opfer, die erst unsere Rettung bewirken müssten, sondern es sind Opfer eines (schon durch Jesus) geretteten Lebens, in aller Echtheit und Schlichtheit. Was ist in aller Einfachheit konsequenter und naheliegender, als dem Gott, der in der Hingabe seines Sohnes selbst eine solche Versöhnung bewirkt hat, »allezeit das Opfer des Lobes darbringen« zu wollen, »nämlich die Frucht der Lippen, die seinen Namen preisen« (Hebr 13,15)? Jedoch, was ist das schon: Worte, eine »Frucht der Lippen« (Hos 14,3)? Und doch: Welches Wunder ist das Lob Gottes, das Danklied für ihn, das vor ihn gebracht wird inmitten einer unversöhnten Welt! Welches Wunder ist der Lobpreis seines Namens, in dem sein innerstes Wesen gepriesen und besungen wird! Und »Wohltun/Wohltätigkeit« und »Gemeinschaft«? Kann man damit Staat machen? Und doch: »an solchen Opfern hat Gott Gefallen« (Hebr 13,16). Es handelt sich hier um Dinge des Alltags, um Dinge des alltäglichen Lebens. Der Christ braucht sich nicht zu fühlen, als ob er die ganze Welt allein aufgeladen bekommen habe. Er folgt dem Einen nach, der sie besiegt hat (Joh 16,13). Er lebt und bewegt sich, staunend und dankbar, im nicht enden wollenden Wunder eines wiederhergestellten Lebens. Ein wiederhergestelltes Leben, das er teilt, in strömender Dankbarkeit, die zu Gott (Lob) und zu den Mitmenschen (Wohltun, Gemeinschaft) fließt! Darbringung des wiederhergestellten Lebens, das in seiner Rettung gelernt hat, sich über alles Lebendige zu freuen, es zu teilen und sich dafür einzusetzen. Darbringung der Dankbarkeit, Darbringung gelebter Liebe, Gott und den Menschen zugewandt. Lob Gottes und Wohltun/Gemeinschaft – »solche Opfer« entsprechen der Selbstgabe Jesu. Nicht zufällig wohl erinnert diese zweifache Orientierung an das eine Doppelgebot der Liebe (Mk 12,31). Solche Darbringung, d.h. ein solches Priestertum mit Jesus, ist nicht kultbezogen, sondern wird ganz schlicht alltäglich gelebt: mitten im Alltag der Menschen, im Alltag der christlichen Gemeinde. Freilich wird uns dazu eine Rahmenbedingung der Nachfolge vorangestellt: »Lasst uns also zu ihm vor das Lager hinausgehen und seine Schmach auf uns nehmen« (Hebr 13,13). Für den Hebräerbrief ist der Christ nicht nur ein entfernt stehender Empfänger der Rettung und Heiligung, die Jesus ihm schenkt, sondern er weiß seinen Platz dort, wo Jesus »ohne auf die Schande zu achten« (Hebr 12,2) sich und uns geheiligt hat (vgl. Joh 17,19). Dieser Platz liegt außerhalb dessen, wo Menschen sich gerne aufhalten und ansiedeln. Obwohl wir dort sein möchten, wo er ist, erschreckt uns dieser Platz zutiefst, und es fällt uns wie den

Jüngern schwer, mit ihm dorthin zu gehen: »wohin du nicht willst«, sagt Jesus zu Petrus (Joh 21,18). Der Weg der Selbstgabe, gelebt in den kleinen Schritten des Alltags, weist uns den Weg.

Zur Darbringung, die uns in der Nachfolge Jesu auf die Lippen und in die Hände gegeben ist, kommt noch ein weiteres Zeichen unseres Priestertums mit ihm: »Wir haben also die Zuversicht ... durch das Blut Jesu in das Heiligtum einzutreten. Er hat uns den neuen und lebendigen Weg erschlossen durch den Vorhang hindurch, das heißt durch sein Fleisch« (Hebr 10,19–20). Wir haben ja schon gesehen, dass es ein wesentliches Kennzeichen des Priesters ist, Zugang zum Heiligtum, zur Gottheit zu haben. »Neu und lebendig« ist dieser Zugang, dieser Weg, der uns durch die Liebe seiner Selbstgabe erschlossen ist! Die Sehnsucht nach uns sitzt ihm im Fleisch. Er wird in seiner Sehnsucht eins mit uns und nimmt uns mit zu Gott.

Die Liebe seiner Selbstgabe bekehrt unser Herz und orientiert und schafft es neu in seiner ursprünglichen Prägung und Würde: »Das wird der Bund sein, den ich nach diesen Tagen mit ihnen schließe – spricht der Herr: Ich lege meine Gesetze in ihr Herz und schreibe sie in ihr Inneres ...« (Hebr 8,10; 10,16; vgl. Jer 31,33). So werden auch wir selbst, im Gefolge seines Priestertums, zu einer Gabe für Gott. Unsensationell und doch merklich werden wir in unserem Herzen bewogen und befähigt zu einem neuen Leben als Menschen – in geschwisterlicher Liebe; in Gastfreundschaft; in Sorge um die Gefangenen und Misshandelten; in achtungsvoller und treuer Ehe; zufrieden und frei von Habgier; bereitwillig anerkennend diejenigen, die die Leitung innehaben, und auf sie hörend (ihnen gehorchend) und umgekehrt; nicht aber fremden Lehren, wie Speisevorschriften es sind, folgend (Hebr 13,1–9.18f.). Unser Priestertum mit Christus vollzieht sich nicht auf irgendeinem speziellen, höheren Niveau, sondern dort, wo wir leben, und in dem, was wir leben, also im ganz normalen Alltag unserer verschiedenen Lebenssituationen und Berufungen und Gemeinden. Das gilt für den Presbyter nicht weniger als für uns alle, ausnahmslos.

Einfacher und alltäglicher lässt sich der hohe Begriff »Opfer« eigentlich nicht mehr verstehen. Es sind die einzigen Opfer, auf die es jetzt noch ankommt. All diese schlichten Dinge des Alltags, die der Hebräerbrief »Opfer« nennt, haben jedoch ihren angestammten Wert nur dann, wenn wir sie mit dem Engagement Jesu tun, d.h., wenn wir wirklich uns selbst in sie investieren. Denn mit demselben Wort »Opfer« benennt er – nicht auch, sondern zunächst – Jesu eigene, einzigartige Selbstgabe. Seit dem Selbstopfer Jesu, seitdem er »sich selbst dargebracht hat« (Hebr 7,27; 9,14) »in seinem eigenen Blut … ein für allemal« (Hebr 9,12), gibt es keine Darbringung, kein Opfer mehr, das diesen Namen verdiente, als das der Selbstgabe. Das ist sein Priestertum und auch das unsere in seinem Gefolge. Es gibt unendlich vieles, durch das wir uns selbst geben, d.h., durch das wir unsere Liebe leben und unser Leben geben können; unendlich vieles, in das wir mit unserer Liebe uns selbst hineinbegeben können: Kleines und Großes, Leichtes und Schweres, Leben und Tod, Geben und Erleiden, Empfangen und Teilen, Menschen und Aufgaben, Austragen von Verletzungen und Unrecht, Zeichen der Zuwendung zu Gott und den Menschen ... Auch das Zweite Vatikanum spricht in dieser Hinsicht unmissverständlich: »Alle Jünger Christi« sollen »sich als lebendige, heilige, Gott wohlgefällige Opfergabe darbringen« (vgl. Röm 12,1) (LG 10).

4. »ihr ganzes Leben«

Mit liebevoller Aufmerksamkeit für das »Kleine« und die »Kleinen« und besonders eindringlich hat Jesus uns das vor Augen geführt im Blick auf eine arme Frau, eine Witwe. Sie hat, so die Wahrnehmung Jesu, in ihrer Armut mit ihren zwei kleinen Münzen »mehr in den Opferkasten (des Tempels) hineingeworfen als alle anderen. Denn sie alle haben nur etwas von ihrem Überfluss hergegeben; diese Frau aber, die kaum das Nötigste zum Leben hat, sie hat alles gegeben, was sie besaß, ihren ganzen Lebensunterhalt (ὅλον τὸν βίον αὐτῆς)« (Mk 12,41ff.) – wobei zu bemerken ist, dass das griechische Wort »bíos« erst an zweiter Stelle »Lebensunterhalt«, an erster aber »Leben« heißt. Mit ihrer winzigen, völlig unscheinbaren Gabe hat diese arme Frau ihr Leben gegeben. Sich selbst.

Der Unterschied zwischen dem »etwas« der anderen und dem »ganzen (Selbst und) Leben« der Frau ist eklatant. Dinge des Alltags ohne Ende wären da zu bedenken. Das Kriterium ihres Wertes liegt darin, ob wir in unsere Beziehungen und Aufgaben tatsächlich etwas von uns selbst hineingeben: die Liebe echter Gegenwärtigkeit etwa und wirklichen Interesses oder die Liebe des sorgfältig Redlichen und Sachgemäßen usw. Es ist wie bei einem Geschenk. Man merkt es ihm an, ob die/der Schenkende sich etwas dabei gedacht hat, d.h. sich selbst darin irgendwie eingebracht hat, oder nicht. Oder ob es gar ein krummer Weg zu einem eigenen Vorteil ist. Es gibt Worte und Gesten und Handlungen, die sich vollkommen korrekt geben und in denen doch das Geschenk der Wohltat einer echten Gabe, einer Selbstpräsenz nicht erfahren wird.

Ein Wort des Hebräerbriefes im Bezug auf das erlöste Leben der Christen sei in diesem Zusammenhang noch erwähnt. Es bezieht sich auf das Fühlen und Empfinden mit anderen, mit Menschen, die in Bedrängnis sind, und gehört zum Wohltun und zur Gemeinschaft: »Denkt an die Gefangenen, als wäret ihr mitgefangen; denkt an die Misshandelten, denn auch ihr lebt noch in eurem irdischen Leib« (Hebr 13,3). Angesprochen sind hier die Fähigkeit und die Bereitschaft, mit Menschen in Notlagen fühlen zu können. Empathie braucht es sicherlich nicht nur in Notlagen, aber da ist sie von einer besonderen Bedeutung. Das Mitfühlen, also mit betroffen zu sein, ist eine wesentliche Form des Teilens und der Beteiligung und eine wichtige Vorstufe des helfenden Engagements. Wer wirklich mitfühlt, ist von der Situation des/der anderen in seinen »Eingeweiden« getroffen – so, wörtlich (τὰ σπλάγχνα), bringt die Schrift das Empfinden Jesu (wie Gottes selbst Mt 18,27), das ihn zum helfenden Handeln bewegt, zum Ausdruck (so Mk 1,41; 6,34; 8,2; par); wie bei jenem Fremden, der sich – anders als der Priester und der Levit – in seinen »Eingeweiden«, in der Mitte seines menschlichen Fühlens treffen lässt und dem halbtot Geschlagenen hilft (Lk 10,29–37). Etwas »sich zu Herzen gehen lassen«, sagen wir. Das kann dann auch den Sinn von »sich erbarmen« annehmen. Er/sie ist im Innersten, in seinem/ihrem Selbst, leibhaft spürbar, von der Notsituation eines Menschen berührt und zum Helfen bewegt. Wohltun, Gemeinschaft, wirkliche Verbundenheit und Hilfe gibt es nicht, ohne dass wir unser Selbst aussetzen und berühren lassen. Auch dies ist eine Form der Selbstgabe, von Leben geben, eine oft nicht lautstarke, aber umso tiefergehende Form unseres Priestertums mit Jesus. Und es gibt absolut nichts, keine Opfer, keine Leistungen oder Verzichte, durch die wir uns von der Selbstgabe loskaufen könnten.

Wir brauchen als Christen nicht hoch hinaus zu denken und keine Erlöserprojektionen zu entwickeln. Einer allein ist der Retter, wir die Geretteten. Er hat uns als Frucht und als Antwort das Glück des erlösten Lebens im Lob Gottes und im Wohltun und in der Gemeinschaft geschenkt. Dazu hat er in uns den Wunsch geweckt, der uns mit ihm hinausführt aus den üblichen menschlichen Wohn- und Denkbezirken, dorthin, wo seine und unsere Liebe uns exponiert, wo ihr und ihretwegen uns selbst Unrecht geschehen kann und geschieht; d.h. dorthin, wo wir, so scheint es, vielleicht uns selbst vergeblich investieren. Wo wir schmerzliche Enttäuschungen erleben. »Ich aber sagte: Vergeblich habe ich mich bemüht, habe meine Kraft umsonst und nutzlos vertan« (Jes 49,4). Das gehört zu unserem Priestertum mit ihm. Die Selbstgabe geht nicht notwendig immer und ersichtlich auf. Auch das nur scheinbar Vergebliche gehört dazu, denn es wird oft auf unserer alltäglich menschlichen Erfahrungsebene zunächst als wirklich und endgültig erlebt. Dass in Wahrheit nichts echt Gelebtes vergeblich ist, ist auf dieser Ebene gefühlsmäßig vorerst nicht zu finden. »Aber mein Recht liegt beim Herrn und mein Lohn bei meinem Gott« (ebd.). Denn nur durch ihn und mit ihm zusammen wird unsere Selbstgabe mit ihren zum Teil unvermeidlichen Vergeblichkeiten österlich vollendet.

5. Unsere und der Kirche Selbstgabe in der Liturgie der Kirche

Die Liturgie hat immer um die Einzigartigkeit des Priestertums Jesu gewusst. Das zeigt sich überdeutlich, wenn wir uns die Mühe machen, das in liturgischer (kultischer)

Sprache Gesagte bewusst wahrzunehmen und gemäß dem oben Gesagten recht zu verstehen. Er, Jesus, ist »die reine, heilige und makellose Opfergabe« (1. Hochgebet), die wir in der Feier der Eucharistie dem Vater darbringen. Er hat »die Opfer der Vorzeit vollendet. Er hat sich dir (seinem Vater) dargebracht zu unserem Heil, er selbst ist der Priester, der Altar und das Opferlamm« (Präfation V der Osterzeit). »Durch ihn und mit ihm und in ihm ist dir Gott, allmächtiger Vater, in der Einheit des Heiligen Geistes alle Herrlichkeit und Ehre jetzt und in Ewigkeit«: so lautet der abschließende Lobpreis aller Hochgebete. Durch ihn, »durch Jesus Christus, unseren Herrn«, steht überhaupt allem unserem Beten, nicht nur in der Liturgie, der Weg zu seinem und unserem Vater offen. Immer begegnen wir seiner einzigartigen Selbstgabe, die sich so nur in ihm ereignet hat und ereignen konnte und die Welt aufgebrochen hat. Die oft kultische Sprache in vielen liturgischen Texten im Sinne der Selbstgabe Jesu verstehen zu lernen, kostet Mühe, kann aber lohnend sein.

Denn inmitten ihrer nicht immer leicht zugänglichen Sprache – vor allem was die Opferthematik betrifft – und auch Riten hat die Liturgie zugleich immer gewusst: Dieses Einmalige, das sie feiert, ist voller Zugänglichkeit; die Selbstgabe Jesu ist voll einer Dynamik, die auch uns mit einbezieht und auch uns denselben Weg erschließt. Der Sprache der Liturgie folgend »bringen wir (!)« Gott, dem Vater, »mit Lob und Dank dieses heilige und lebendige Opfer dar« (3. Hochgebet). D.h. wir (alle! Feiernden, Glaubenden) möchten uns einbeziehen lassen und werden einbezogen als »*eine* lebendige Opfergabe in Christus« (4. Hochgebet). Wir werden einbezogen in die befreiende Selbstgabe Jesu, die auch uns selbst »zu einer Gabe« macht

(3. Hochgebet), auch uns also zur Selbstgabe befreit. Zahlreiche Gabengebete der Liturgie leiten uns an, darum zu beten, dass wir selbst eine solche »Gabe« werden. Nicht freilich eine Gabe nach dem Beispiel der Dinge. Eine wirkliche Gabe an Gott und an die Mitmenschen kann der Mensch nur werden, wenn und indem er sich selber in Freiheit, d.h. in Selbstgabe, gibt, so, wie Jesus sich, an seinem Platz, »ein für allemal« (vgl. oben Hebr 9,12) gegeben hat. Im kunstvollen Rahmen der liturgischen Hochsprache, der im Laufe von Jahrhunderten gewachsen ist, ist das Besondere, das »Geheimnis des Glaubens«, in seiner ursprünglichen Schlichtheit aufbewahrt. In diesen Rahmen gefasst, fällt umso mehr die einfache Erzählsprache in den Einsetzungsberichten auf, die von jenem Abend vor seinem, Jesu, Leiden erzählen. Das erweist diese Berichte in ihrer Einfachheit als die besondere Kostbarkeit in der Mitte der gesamten Feier der Eucharistie. Der Wunsch und Auftrag Jesu »Tut dies zu meinem Gedächtnis« (Lk 22,19; 1 Kor 11,24f.) hat durch alle Zeiten seither dieses Zusammenkommen bewirkt, um gemeinsam das Brot seines Leibes zu essen und aus dem Kelch seines Blutes zu trinken und sich so seiner Hingabe zu erinnern.

An seinem Tisch versammelt, wir alle am Platz seiner Jünger, wissen wir, obwohl schwach wie sie, wer wir vor Gott und für ihn sind. Wir sind die, die sein Wort gehört und seine Liebe angenommen haben. Wir sind die, die deshalb »Gott allezeit das Opfer des Lobes darbringen, nämlich die Frucht der Lippen, die seinen Namen preisen«. Hebr 13,13–15 kann uns helfen, nämlich »in der Frage nach dem rechten Verständnis der Opferaspekte der Eucharistiefeier. Das, woran Gott Wohlgefallen hat und womit wir ihm – menschlich gesehen – eine Freude bereiten können, anders gesagt: das Opfer, das wir ihm darbringen können, ist zutiefst unser Lob (αἴνεσις) und unser Dank (εὐχαριστία) im Blick auf Jesus und in der Erinnerung (ἀνάμνεσις) an ihn und Gottes Handeln an ihm sowie unser Verhalten der Wohltätigkeit und Gemeinschaft in der Nachfolge Jesu.«[33] Das entspricht auch dem, was der 1. Petrusbrief »πνευματικὰς θυσίας«, »geistige Opfer«, nennt (1 Petr 2,5; vgl. oben). Unser Lob Gottes und unser Dank an ihn entzünden sich an dem, was Jesus im Auftrag seines Vaters für uns und an uns getan hat. Das Lob Gottes und unser Dank an ihn, wie sie in der Eucharistie als Geschenk Jesu ihren Ausdruck finden, sind nicht eine sonntägliche Verzierung unseres Lebens, ein bescheidener Luxus, den uns unser Christsein bringt. Vielmehr bricht sich da unser wiederhergestelltes Leben befreite Bahn. In der Feier der Eucharistie geschieht das, wozu wir von allem Anfang an geschaffen sind![34] So und nicht anders, zu Lob und Dank, ist unser Herz gemacht, danach sehnt es sich mit allen seinen Fasern – und mit ihm die ganze Schöpfung. Wir haben die »Freiheit und Herrlichkeit der Kinder Gottes« wiedergefunden, zu der die ganze Schöpfung mit uns »von der Sklaverei und Verlorenheit (in der auch wir selbst waren) befreit werden« soll (Röm 8,21). Und das alles wäre nicht möglich, hätten wir nicht in unserer Verlorenheit »einen solchen Erlöser«[35] gefunden. Es ist jenes Lob in Dankbarkeit, das in unserem Herzen hintangehalten war und nun frei fließen und strömen kann, die ganze Welt umgreifend.[36] Wir alle sind berufene Sänger dieses Lobes. Wir alle bringen aus erlöstem Herzen unseren Dank. Wir alle üben gemeinsam dieses königliche Priestertum aus. Wir alle sind mit diesem Amt betraut. Es ist nicht delegierbar. An niemanden. Es ist das Größte und Schönste, das uns als Christen geschenkt ist und in das wir in Liebe und durch Liebe auch andere einzubeziehen suchen – Wohl tuend und Gemeinschaft stiftend.

»An solchen Opfern hat Gott Gefallen« (Hebr 13,16). Sie werden in der Feier der Eucharistie Gott, dem Vater Jesu und auch unserem Vater, durch und mit der Selbstgabe Jesu in Gemeinschaft mit dem Vorsteher der Versammlung, dem Bischof oder Presbyter, durch alle Versammelten gemeinsam dargebracht. Wir alle konzelebrieren um den Altar, der Christus ist, in Gemeinschaft mit der ganzen Kirche auf dem Altar unseres Herzens.[37] In solchem Darbringen vollzieht sich die Selbstgabe, das Priestertum aller Glaubenden zusammen mit der Selbstgabe Jesu, die im Mittelpunkt der Feier steht. Sie findet da ihren zeichenhaften Ausdruck. Wir bringen in dieser Feier uns selbst mit der Ernte unseres Alltags ein und empfangen zugleich von Jesus wieder den neuen Impuls für unser konkretes Alltagsleben.

Was die Liturgie »Opfer« nennt, das Opfer Christi und unser Opfer, wie wir uns selbst mit ihm in Lob und Dank darbringen, ist immer im Sinn der Selbstgabe zu verstehen und darf niemals als Gabe von »etwas« verstanden und wiedergegeben werden, mag es auch in unseren Augen noch so wertvoll sein (vgl. 1 Sam 15,22!). Jesus *selbst*, Gott *selbst*, wir *selbst* – das lässt sich nicht auseinandernehmen. Mit Recht sagt die Schrift, dass Jesus »uns geliebt und sich für uns hingegeben hat als Gabe und als Opfer, das Gott gefällt« (Eph 5,2), und sie wird nicht müde, seine Selbstgabe auch aus seinem eigenen Mund zum Thema zu machen (z.B. Mk 10,45; Joh 10,17f.; und alle Abendmahlsberichte). Mit Recht spricht sie von der Selbstentäußerung Gottes in der Hingabe seines Sohnes: »Denn Gott hat die Welt so sehr geliebt, dass er seinen einzigen Sohn hingab« (Joh 3,16); »Er hat seinen eigenen Sohn nicht verschont, sondern ihn für uns alle hingegeben – wie sollte er uns mit ihm nicht alles schenken?« (Röm 8,32). Gott gibt sich selbst, indem er sein Liebstes, sein Ein und Alles zu Verwerfung und Tod in unsere Hände weggibt. So kann es nicht anders sein, als dass ebenso die Antwort der Liebe einzig nur wir selbst sein können. Was für Jesus und seinen Vater gilt, das gilt auch für uns als unsere Antwort. Keinerlei »Opfer« wird von uns erwartet, das nicht in seinem innersten Sinn und Wert Selbstgabe wäre. Gemäß dem zu Beginn dieses Kapitels zitierten Augustinuswort: »Gott sucht uns, nicht das Unsrige.«

Opfer also im christlichen Sinn kann im Grunde nur ein Sich-selber-Geben oder ein Geben von der Selbstsubstanz sein. Nach all dem bisher Gesagten kann der Versuch gemacht werden, in einer Art »Kurzformel« zu beschreiben, was »Selbstgabe« konkret meint: nämlich eine Person- und Lebenshaltung, durch die wir im kritischen Augenblick die eigenen Vorstellungen, Wünsche und Projekte lassen und uns auf das einstellen und einlassen können, was des anderen (Menschen/Gottes) ist. Für Jesus z.B. war Gethsemani ein solcher »kritischer Augenblick«: »Aber nicht wie ich will, sondern wie du willst« (Mt 26,39). Das ist das »Opfer« Jesu, das wir dankbar in der Eucharistie feiern. Die Selbstgabe ist eine unzertrennliche Schwester der Liebe, jener entschiedenen und leidenschaftlichen Haltung zu Gunsten des anderen, bis hin zur Hingabe des Lebens. Für Jesus ist dieser geliebte andere sein »Abba« – und wir alle sind es, um die es ja beiden in diesem kritischen Augenblick geht.

Alle sind in diese Feier einbezogen: wir selbst, die selber

ständig der liebevollen Selbstgabe Jesu bedürfen, die Menschen unserer Mitwelt, unsere Umwelt, ja unsere ganze Welt und die Menschheit überhaupt entsprechend dem Wort Jesu: »Und ich, wenn ich (vom Kreuz aus) über die Erde erhöht bin, werde alle zu mir ziehen« (Joh 12,32). Sein Blut wird für »viele« (Mk 14,24; Mt 26,28) in der Bedeutung von »alle« vergossen. Dieselbe Weite und Grenzenlosigkeit offener Arme ist auch unserem Priestertum von ihm gegeben. Verengte Einstellungen vertragen sich von Grund auf nicht wirklich mit unserem gemeinsamen Priestertum. Denn es ist offen für alle Welt. Die Bedeutung, die Würde und die Heiligkeit, die wir, alle Glaubenden, vor Gott mit Christus in der Welt haben, haben wir stellvertretend für alle Menschen dieser Erde.

Die priesterliche Opfergabe Jesu, seine Selbstgabe, aktualisiert sich also und findet ihre Vollgestalt in der Selbstgabe der/aller Glaubenden. Die Spiritualität des Christen ist grundlegend eine eucharistische, insofern in der Feier der Eucharistie Jesus in seiner Selbstgabe inmitten der Versammelten umfassend gegenwärtig ist und zur Darstellung kommt. Er wandelt die Herzen der Glaubenden im Sinn seiner eigenen Hingabe und macht sie alle, ohne Ausnahme, zu Königen und Priestern für unseren Gott: zu Lob und Dank aus einem befreiten Herzen.

Vergebung

Die Vergebung unserer Schuld hat ihren Platz im innersten Bereich der alt- und neutestamentlichen Botschaft. Sie gipfelt in der Lebenshingabe Jesu »zur Vergebung der Sünden« und in dem bescheiden-einfachen, über alle Abgründe hinweg versöhnenden Gruß des Auferstandenen: »Friede sei mit euch!«

1. Das christliche Priestertum dient nicht der Versöhnung Gottes

Die priesterliche Funktion, die Gottheit günstig zu stimmen und zu versöhnen, gibt es in unserem christlichen Glauben nicht. Gott, der Gott, an den wir in Jesus glauben, sein und unser Gott und Vater, muss nicht versöhnt werden. Auch nicht durch Jesus! Denn von Gott geht alle Versöhnung aus. Was immer geschieht, der »pater immensae majestatis«[38], der »Vater unermesslicher Majestät« als der Ursprung und die Vollendung von allem (auch Jesu!), ist Liebe, lautere Liebe. Was immer geschieht, er hält und behauptet uneingeschränkt seine Position – die Position der Liebe, der Versöhnung und Vergebung. Es gibt nichts, was er uns, seinen Geschöpfen gegenüber leidenschaftlicher und lieber täte, als zu vergeben. Das Problem liegt vielmehr auf unserer Seite. Dass wir uns so schwer vergeben lassen, hat Jesus das Leben gekostet. Überdeutlich sind die Worte des Paulus: »Wir bitten an Christi statt: Lasst euch mit Gott versöhnen!« (2 Kor 5,20). Denn er hat uns ja in Jesus alles, was unser Herz umstimmen könnte, schon geschenkt. »Denn Gott hat die Welt so sehr geliebt, dass er seinen einzigen Sohn hingab, damit jeder, der an ihn glaubt«, d.h. der sein Herz ihm zuwendet, »... das ewige Leben hat« (Joh 3,16). Weil Gott so leidenschaftlich gern vergibt, ist auch im Grunde der Weg als solcher nicht kompliziert, um seine Vergebung zu erlangen: »Wascht euch, reinigt euch! ... Hört auf, vor meinen Augen Böses zu tun! Lernt Gutes zu tun! Sorgt für das Recht! ... Wären eure Sünden auch rot wie Scharlach, sie sollen weiß werden wie Schnee. Wären sie rot wie Purpur, sie sollen weiß werden wie Wolle« (Jes 1,16–18). Es bedarf keiner Umstimmung Gottes, es bedarf einzig unserer Umkehr entsprechend dem Ruf Jesu: »Kehrt um, und glaubt an das Evangelium!« (Mk 1,15). Überdeutlich ist das in der Umkehr und Heimkehr des Sohnes, der sich heillos vergangen und verlaufen hatte (Lk 15,18ff.).

Alle Versöhnung geht von Gott aus. Da es also kein Priestertum zur Versöhnung Gottes mehr geben kann, kann unser gemeinsames Priestertum in dieser Hinsicht zu allererst nur darin bestehen, dass die Versöhnung, die in Gott ihren Ursprung hat und die uns durch Jesus erreicht, bei uns selbst uneingeschränkte Annahme findet. Und als Versöhnte machen wir Gott, den einen wahren Gott, »der in Christus die Welt mit sich versöhnt hat« (2 Kor 5,19), in der Welt gegenwärtig. Wie Ostern zeigt, setzt er seine Gegenwart in dieser Welt unaufhaltsam durch. Diejenigen, die seine versöhnende Gegenwart in Jesus annehmen, sind seine Gegenwart inmitten der vielen Menschen, die das (noch) nicht fassen können. Durch uns ist, je wahrer und tiefer wir das zunächst in uns selber fassen können, seine Versöhnung, d.h. sein Friede, in unserer Welt gegenwärtig und will durch uns um sich greifen. Das ist eine Wirklichkeit und eine Dynamik, deren Sinn Paulus einmal – auch in ei-

nem Zusammenhang der Weitergabe dessen, was er selbst empfangen hat – so zusammenfasst: »damit immer mehr Menschen aufgrund der überreich gewordenen Gnade den Dank vervielfachen, Gott zur Ehre« (2 Kor 4,15).
Wir, alle Glaubenden, haben als durch Gott selbst mit ihm Versöhnte also doch eine priesterliche Bedeutung und einen priesterlichen Auftrag. »Aber das alles kommt von Gott, der uns durch Christus mit sich versöhnt und uns den Dienst der Versöhnung aufgetragen hat« (2 Kor 5,18). Wir beanspruchen nicht den Platz des Paulus, seiner Mitarbeiter und der »Apostel« überhaupt. Und doch nehmen wir in ihrem Gefolge unseren eigenen Platz ein, um das zu sein und zu leben, was wir durch Gott in Jesus sind. Seit der Taufweihe, in der Gott uns »alle Sünden vergeben« (1.–3. Hochgebet) und zu einer »neuen Schöpfung« (2 Kor 5,17; Gal 6,15) gemacht hat, sind wir alle zum Priestertum mit Jesus im »Dienst der Versöhnung« berufen und geweiht. Wir sind also aus unserer Taufe zu einem sakramentalen Dienst bestellt, verbunden mit der Kirche als Ganzes, die in allen ihren Gliedern das Ursakrament des Heiles ist. Somit gehört es wesentlich zu unserem Priestertum, dass wir diese Versöhnung in unserem Leben Raum greifen lassen. Nur so kann die Versöhnung, die durch Jesus von Gott ausgeht, ihren Weg nehmen und immer mehr Menschen einbeziehen mit zunehmendem Dank.

2. Gott versöhnt von Mensch zu Mensch

Der Mensch ist der wichtigste Weg Gottes zu den Menschen. Das hat sich am deutlichsten verwirklicht und vollendet in der Menschwerdung und Hingabe seines Sohnes.

Und es geschieht Tag für Tag durch uns, seine Kirche, und durch jede/-n Einzelne/-n von uns. Wiederum ist dieses unser Priestertum im Gefolge Jesu ein Priestertum des Alltags. In der Eucharistie, »der Quelle und dem Höhepunkt des ganzen christlichen Lebens« (LG 11), feiert auch unser Priestertum seine Quelle und seinen Höhepunkt. Unser christlich-priesterliches Leben freilich, das hier seinen Ursprung und seine Mündung feiert, ist zum allergrößten Teil und entscheidend ein Leben des Alltags. Es bezieht aus der Hingabe Jesu sein Sein, seine Inspiration, seine Motivation und seine Kraft, um jeweils neu zum alltäglichen Versöhnungsweg zu werden, von dem keine/-r der Feiernden sich loskaufen kann. Von Mensch zu Mensch bahnt sich die Versöhnung, die von Gott ausgeht und in Jesus Mensch geworden ist, ihren Weg.

Es gibt eine einzige Bedingung, die Gottes versöhnendes Vergeben kennt. Wir sprechen sie in jedem Vaterunser: »denn auch wir erlassen jedem, was er uns schuldig ist« (Lk 11,4; vgl. Mt 6,12). »Denn wenn ihr den Menschen ihre Verfehlungen vergebt, dann wird euer himmlischer Vater auch euch vergeben. Wenn ihr aber den Menschen nicht vergebt, dann wird euch euer Vater eure Verfehlungen auch nicht vergeben« (Mt 6,14f.). Damit erweist sich unser Vergeben von eminenter, ja von äußerster Wichtigkeit – zunächst wieder für uns selbst. Wenn der Strom der Vergebung Gottes nicht durch uns selbst hindurch zu den Mitmenschen weiterfließt, dann kommt er bei uns selbst gar nicht erst an. Die Vergebung einander zu schenken ist lebenswichtig, ja lebensentscheidend für uns. Denn unser eigenes Leben hängt daran, dass durch uns die Vergebung Gottes von Mensch zu Mensch weiterströmt. Wir können ohne den Strom der Vergebung nicht leben. Tödlich wird es sonst um uns und in uns und in unserer Welt – und ist es ja oft genug schon. Wo wir nicht in diesem Strom leben, sind wir stocksteif ineinander verkeilt und blockieren uns gegenseitig, leben wir in Gefängniszellen, um nicht zu sagen Todeszellen, bis wir »den letzten Pfennig« der eigenen Schuld »bezahlt« haben (Mt 5,26; 18,34) und/oder bis wir bereit sind, einander auszulösen und zu verzeihen. Es ist ein Dienst des Einander-Raum-Schaffens, ein Dienst der Befreiung und des Wirksamwerdens der Erlösung in Jesus, den Gott uns, seinem priesterlichen Volk, anvertraut hat und den er kompromisslos von uns und allen Menschen erwartet. Eine kompromisslose Erwartung Gottes an uns ist es, weil er unser Leben will. Denn niemand anderer als wir Menschen selbst können von Mensch zu Mensch diesen Dienst mit seiner Hilfe füreinander tun.

3. Die Alltagsmünze unseres Glaubens

Vergebung ist Botschaft, Auftrag und Alltagsmünze unseres Glaubens. Sie gehört zu den alltäglich notwendigen Wundern unseres menschlichen Lebens – für jeden Menschen, in allen Gemeinschaften, überall und zu allen Zeiten. Ich bin überzeugt, dass jede wirkliche Vergebung »von ganzem Herzen« ein Wunder ist. Denn sie riskiert den Sprung über den Abgrund, sie riskiert Selbstgabe über einen für unser Gefühl bodenlosen Moment hinweg. Alltäglich notwendig ist das Wunder der Vergebung, weil kein Tag vergeht, an dem wir nicht aneinander schuldig werden und auch an unserem Gott, den das alles ebenso betrifft wie uns selbst; weil die alltägliche und oft zum Schrei oder zum Verstummen gesteigerte Not des Schuldig- und Verletztwerdens nicht anders als durch Vergebung gewendet werden kann; und weil dieses Wunder tagtäglich über den Erdball hin, nicht nur durch Christen, unendlich viele Male sich ereignet und auf diese Weise menschliches Leben oft auch unter schwersten Bedingungen zu etwas sehr Schönem macht – es sei denn, wir entscheiden uns für Feindschaft, Krieg, Gefangenschaft, Tod, lebenslanges Leiden aneinander – unsäglich und ohne Zahl.

Das Vergeben und Verzeihen kommt, wenn die Einstellung und die Bereitschaft gegeben sind, aus einer Bewegung und Entscheidung des Herzens. So auch in Gott: »Wie könnte ich dich preisgeben, Efraim, wie dich aufgeben, Israel? ... Mein Herz wendet sich gegen mich, mein Mitleid lodert auf« (Hos 11,8). Die Klarheit, die Deutlichkeit und Sicherheit im Schenken und im Erleben der Vergebung in allen Phasen ist das vor allem Wichtige. Nicht jedoch die große Gefühlsdramatik. Denn »aus ganzem Herzen vergeben« bedeutet, dass der ganze Mensch dahintersteht, dass der/die in Schuldnot Geratene in klarer Zuwendung neu und tunlichst unverzüglich belebt wird, ohne Getue, ohne unverhältnismäßigen Aufschub (vgl. Mt 5,25; Eph 4,26) und ganz. Vergeben heißt, Gott als den Vergebenden erfahrbar machen, so wie er mir selbst erfahrbar wurde. Das ist, angesiedelt in unserem Herzen, ein priesterlich-sakramentaler Vollzug unseres Alltags als Christen, ohne den das Sakrament der Buße keine Bodenhaftung hätte.

4. Vergebung ist Ostern

Schon zu Beginn seines Wirkens hat Jesus sich der Bußtaufe Johannes' des Täufers »zur Vergebung der Sünden«

unterzogen, um die Situation mit uns zu teilen, aus der er uns im Sinne seines Vaters herausführen und befreien wollte (Mk 1,4). »Zur Vergebung der Sünden« hat er schließlich, an jenem letzten Abend, in den Zeichen des Brotes und des Kelches mit Wein, seine Selbstgabe »für« die Seinen und uns alle im Leiden gedeutet und verstanden (vgl. Mt 26,28; Lk 3,3) und hat, mit Worten des Hebräerbriefes ausgedrückt, am Kreuz »mit seinem eigenen Blut ... eine ewige Erlösung bewirkt« (Hebr 9,12).
Die Vergebung in seiner Selbstgabe erreichte das Herz der Seinen freilich erst, als er nach seinem Leiden wieder zu ihnen kam, mit keinem anderen Wort zunächst als: »Friede sei mit euch!« (Joh 20,19). Uferlos, was mit diesem Gruß, wie bei keinem anderen jemals, an Frieden und Freude in sie einzuströmen begann. Sie brauchten nicht eigens noch ein Vergebungswort zu hören. Sie hatten in diesem einen Moment seines Grußes und des Schauens seiner Wunden erfahren, was sie in seinem Auftrag in seinem Geist weitergeben sollten: »Wem ihr die Sünden vergebt, dem sind sie vergeben; wem ihr sie behaltet, dem sind sie behalten« (20,23). Als Adressaten seines Grußes und dieses seines Auftrags sind sie nicht nur amtlich als die Apostel versammelt, sondern als die gesamte Kirche, als das ganze Volk Gottes. Dieses bildet mit den Aposteln das eine priesterliche Volk. Nur als ausdrücklich im Namen der gesamten Kirche gesprochenes Wort ist die Sündenvergebung dem Presbyter reserviert. Unser ganzes Leben, die Notwendigkeit und die Gelegenheit für das Geschenk des neuen Lebens aus der Sündenvergebung, das alles kann sich niemals nur darauf beschränken. An uns alle ergehen, durch die Evangelien hindurch, die dringlichen Worte Jesu, einander zu vergeben. Sie könnten nicht dringlicher sein. An uns al-

le ergeht der Gruß des Auferstandenen, an uns alle ergehen mit dem Lebenshauch aus seinem Mund (vgl. Gen 2,7) die Sendung des Heiligen Geistes und die Vollmacht zur Vergebung der Sünden.

Das Wort des Auferstandenen vom Vergeben und Behalten erinnert an das Wort vom Binden und Lösen, das Jesus an einen besonderen Einzelnen der Apostel, an Petrus, richtet (Mt 16,19par) und ebenso an die ganze Gemeinde (Mt 18,18). Und »im Himmel«, d.h. bei Gott, wird jeweils entschieden, wie »auf Erden« durch Apostel bzw. Gemeinde entschieden wird: gebunden oder gelöst, vergeben oder behalten. Das Wort vom »Behalten« der Sünden – »wem ihr sie (die Sünden) behaltet, dem sind sie behalten« – ist freilich nicht leicht zu verstehen und zu interpretieren. Willkür, leichtgewichtige Kriterien, Vorteilsdenken oder Sympathie/Antipathie sind im Sinne und Geiste Jesu von vornherein ausgeschlossen. Im Grunde wird es sich um die Feststellung einer nicht oder mangelhaft gegebenen Bereitschaft handeln, das Angebot der Vergebung wirklich anzunehmen.[39] Dieses muss, wie die Frohe Botschaft überhaupt, auf einen aufnahmefähigen Boden fallen. Wenn das nicht der Fall ist, soll dies klar festgestellt und, ich denke, respektiert werden, wie auch Gott es respektiert. Beispiele dafür, dass Jesus nie ein Aufgenommenwerden erzwingen (Mt 10,13par. 14f.par; Lk 9,55) oder das Evangelium zu herabgesetzten Preisen handeln wollte (Mt 7,6), auch dass er Entscheidungen respektierte (Mt 19,22par), gibt es zur Genüge.

Könnte nicht jene andere österliche Perikope, die unmittelbar auf die eben genannte folgt, nämlich die von der neuerlichen Erscheinung Jesu vor seinen Jüngern nach acht Tagen, auch als ein Beispiel zum Thema »behalten« gelesen werden? Thomas, genannt Zwilling, einer der Zwölf, der aber das erste Mal nicht dabei war und dem die Botschaft der anderen nicht reichte, musste auf sein Ostern warten und seine Distanzierung wurde ihm »behalten«, bis er am achten Tag mit ihnen wieder beisammen war und durch die Begegnung mit Jesus und seinem Friedensgruß zum Glauben kommen konnte. Nicht nur der schlichte Friedensgruß Jesu, sondern auch sein überaus aufmerksames Verhalten Thomas gegenüber – und später z.B. sein feinfühlendes Gespräch mit Petrus über die Liebe (Joh 21,15ff.) – zeigt, mit welch liebevoller Achtung und mit wie viel menschlichem Gespür er den Seinen über ihr Versagen hinweghilft und sie in seiner Vergebung die Vergebung Gottes selbst erfahren lässt.

Mit jeder Vergebung, die wir redlich schenken oder annehmen, ereignet sich Ostern, geschieht Aufatmen und Befreiung und die Erfahrung neuen Lebens – des neuen Lebens, das uns verheißen ist. Unser aller Priestertum, das uns durch Jesus gegeben ist, bewirkt von Tag zu Tag neue Räume erlösten Lebens. Es ist ein Dienst der Versöhnung in der Menschheit, ein Dienst am Leben von Mensch zu Mensch und in unseren Gemeinschaften, vorzüglich in der Gewöhnlichkeit des Alltags. Unser Dienst der Versöhnung setzt die priesterliche Haltung der »Selbstgabe« voraus. »Verzeihen« heißt, jemanden einer Verfehlung nicht mehr zeihen; »vergeben« heißt, einen Anspruch, sei er gerecht oder ungerecht, weggeben, an dem ich bisher immer noch festgehalten habe, an den ich vielleicht glaubte meine Existenz knüpfen zu müssen. Beide, die Vergebenden und die die Vergebung Annehmenden müssen sich jeweils von sich weg auf das zubewegen, einstellen und einlassen, was des anderen ist. Kurz: Es ist ein Dienst, der – ohne große Geste – nur in Liebe getan werden kann.

5. Ungerechte Fesseln lösen

Ein besonderer Dienst im Rahmen des Dienstes der Versöhnung ist es, Menschen gegenüber, die durch Schuldgefühle vergiftet wurden, das Evangelium Jesu Christi zu vertreten, der den Menschen in freiem Anruf und freier Antwort zur Begegnung mit seinem Gott führt; seine erlösende Weise des Vergebens bleibt unüberholbare Quelle und Richtschnur der Hilfe, der Heilung und der Befreiung zu einem neuen Leben. Auch unsere Moralpredigt ist nicht selten der Gefahr erlegen, Sündengefühle zu wecken, wo keine Sünde ist. Inzwischen haben uns die schwerwiegenden, Menschenseelen schädigenden Delikte der letzten Jahrzehnte eingeholt. Quälende Schuldgefühle über Jahrzehnte wurden in Menschen verursacht, die keine Schuld am Verübten hatten. All das hat mit der befreienden Frohen Botschaft Jesu nichts gemein. Die Befreiung aus ungerechten Fesseln gehörte ganz wesentlich zur Sendung Jesu (vgl. Lk 4,18f.; 13,16). Die Befreiung aus ungerechten Fesseln, die wir uns gegenseitig anlegen, sollte uns in der Kirche immer, und besonders wo wir selber solches Leid verursacht haben, ein vorrangiges Anliegen sein: menschlich, wie Gott selbst es ist, zu sein, über die Sakramente und unsere wohlklingenden Worte hinausgehend, in unserem Alltag von Mensch zu Mensch heilend und lösend. Statt noch und noch Lasten zu schnüren und aufzubürden (Mt 23,4), ist uns vielmehr aufgetragen, einander »von ganzem Herzen« mit der Erfahrung der Erlösung zu beschenken. Sehr viel seelische Not ist durch uns selbst verursacht, die wir als Kirche sehen, ernst nehmen und zu wenden versuchen müssen, damit wir nicht nur als Mahner dastehen, sondern auch unsere eigene Schuld uns vergeben wird.

Verkünden

»Jesus der Herr, ›den der Vater geheiligt und in die Welt gesandt hat‹ (Joh 10,36), gibt seinem ganzen mystischen Leib Anteil an der Geistsalbung, mit der er selbst gesalbt worden ist. In ihm werden nämlich alle Gläubigen zu einer heiligen und königlichen Priesterschaft, bringen geistige Opfer durch Jesus Christus Gott dar und verkünden die Machttaten dessen, der sie aus der Finsternis in sein wunderbares Licht berufen hat. Es gibt darum kein Glied, das nicht Anteil an der Sendung des ganzen Leibes hätte; jedes muss vielmehr Jesus in seinem Herzen heilighalten und durch den Geist der Verkündigung Zeugnis von Jesus ablegen« (PO, 2).

1. Der »Geist der Verkündigung« in allen

Zu unserem gemeinsamen Priestersein mit Jesus gehört es also, so die Worte des Zweiten Vatikanums, das, was wir selber empfangen haben, mit unserem Leben und in unserer Person zu bezeugen, darauf hinzuweisen und es weiterzugeben. Das Zweite Vatikanum bezieht sich hier wie auch in LG 10 auf den 1. Petrusbrief 2,4–10 mit der unerhörten Berufungszusage Gottes an sein Volk, die in V. 9 in folgende Zielangabe mündet: »damit ihr die großen Taten dessen verkündet, der euch aus der Finsternis in sein wunderbares Licht gerufen hat« (vgl. Jes 43,21; 42,12).
Unsere Auserwählung durch Gott, unser aller königliches Priestersein, unsere von Gott her schon aus dem Stamm Israel erwachsende und in Jesus endgültig gewordene Hei-

ligkeit, ein Volk zu sein, das (unter allen Völkern: Ex 19,5) als Gottes besonderes Eigentum ihm nahe ist – all das ist an uns geschehen, damit wir seine »großen Taten verkünden«. Seine großen Taten sind Rettungstaten an uns, durch die er uns »aus der Finsternis in sein wunderbares Licht gerufen hat« – und zwar gerufen, damit wir dieses Licht weitertragen. Licht verbreitet sich, wenn es nicht ausgesperrt oder eingeschlossen wird oder an Kraft verliert, von selbst. Die Rettungstat Gottes, die wir an uns erfahren haben, und alles, was uns dazugegeben wurde (vgl. Mt 6,33), all dieses wunderbare Licht ist uns nicht dazu geschenkt, dass wir im Dunkeln flüstern (vgl. Mt 10,27).

Das Zweite Vatikanum gibt in dem zitierten Text noch eine Verdeutlichung und Verstärkung: Jeder und jede im Volk Gottes hat Anteil an der Sendung des ganzen Leibes! Jeder und jede soll »Jesus in seinem Herzen heilighalten« (als die Lichtquelle in uns und für die Welt) und dem »Geist der Verkündigung« folgen, der in *allen*, in jeder und in jedem von uns ist – welch ein Wort! Er ist die Basis und die Quelle jeder Verkündigung, die in der Kirche und durch sie geschieht. Nicht jede/-r von uns wird ein Verkündiger sein in jener Besonderheit, wie Paulus es war, der sich berufen wusste, »dass ich das Evangelium Gottes wie ein Liturge verwalte«, damit »die Heiden ... eine Opfergabe werden, die Gott gefällt« (Röm15,16). Was uns freilich trotz allen Unterschieds mit ihm verbindet, ist das priesterliche Selbstverständnis seiner Verkündigung. Auch er musste zuerst aus Saulus zu Paulus werden in der Begegnung mit dem, den er dann bezeugen muss und darf. Der, »der mich geliebt und sich für mich hingegeben hat« (Gal 2,20), wird zum Inhalt seiner Verkündigung. Verkündiger/-in wird man nicht selbsternannt, nicht dadurch, dass man zu verkündigen beginnt. Verkündiger/-in sein heißt zuallererst erfüllt sein von dem uns geschenkten Sein und wovon das Herz voll ist. Erfüllt sein von dem, was wir durch »die großen Taten Gottes« geworden sind aus Finsternis hin zum Licht. »Einst wart ihr nicht sein Volk, jetzt aber seid ihr Gottes Volk; einst gab es für euch kein Erbarmen, jetzt aber habt ihr Erbarmen gefunden« (1 Petr 2,9f.; vgl. Hos 1,6.9; 2,25). Verkünden aus der Freude darüber, was wir sind und was an uns geschehen ist; sein wunderbares Licht verkünden und die Wege aus unseren Umwegen und Sackgassen, wie Gott uns da herausgeführt hat, nicht vergessen.

2. Seid, was ihr seid!

Im »Geist der Verkündigung« sind Worte und Auftreten nicht das Erste. Denn wer und was wir sind, wenn wir es zulassen und bejahen, spricht für sich selbst. Ein Lichtstrahl, wohin er fällt, ist sichtbar. Er wird Verwunderung, vielleicht auch Erstaunen auslösen, vielleicht zunächst auch nur einen kleinen Kontrast abgeben. Und es wird über kurz oder lang zu spüren sein, welches Geschenk es ist, dass wir uns dieses Licht nicht selber besorgen konnten. »Ihr *seid* das Salz der Erde«, sagt Jesus in der Bergpredigt – einfach dadurch, dass ihr zu mir gehört, kostbar und schmackhaft, dieser Erde beigemengt, kommunizierend mit allem, was da ist. »Ihr *seid* das Licht der Welt«, fügt er hinzu, wiederum einfach dadurch, dass ihr zu mir gehört. An euch liegt es, den Geschmack, den ich euch gegeben habe, zu entfalten, und das Licht, das ihr durch mich geworden seid (Eph 5,8), im Haus und darüber hinaus gut sichtbar hinzustellen, sodass die anderen Heimat und Orientierung darin finden können.

Noch in einem anderen Bild gesagt: Augustinus nennt Johannes den Täufer, den großen Rufer, Verkündiger und Propheten, »die Stimme«. Der andere, Jesus, ist »das Wort« (Joh 1,1ff.). Er, Johannes, ist »die Stimme« (vgl. Joh 1,21.23)[40]. Schon vor jeder aktiv-bewussten Weitergabe dessen, was wir sind und geworden sind und haben, sind wir als Menschen und als Christen, ein jeder und eine jede, eine Stimme im Ganzen der Kirche und unserer Welt. Eine Stimme, die zählt, die niemand anderer sein kann. Eine Stimme, die den Himmel erreicht und auf der Erde vernehmbar ist, die Himmel und Erde verbindet. Eine Stimme, die von einer Liebe erzählt, aus der wir kommen und zu der wir wiederum auf dem Weg sind und die uns für immer ins Herz geschlossen hat. Von einer Liebe, die – sehr unaufdringlich und bescheiden – sich unseres und unser aller Seins als Stimme bedient, um auf sich aufmerksam zu machen. Wir sind nicht das Wort, brauchen es auch nicht zu sein. Wir alle, ein jeder und eine jede, sind Stimme für das Wort.

Das ist das Erste, was uns Christen *allen* zu sagen ist und gesagt werden muss, aus unser aller Überzeugung, wieder und wieder, bis es uns nahekommt, als das Erste und das Wichtigste, wenn es um den Verkündigungsauftrag geht: Seid, was ihr seid! – das Salz der Erde, das sichtbare Licht der Welt, ein auserwähltes Geschlecht, eine königliche Priesterschaft, ein heiliger Stamm, ein Volk, das Gottes besonderes Eigentum ist, von ihm in sein wunderbares Licht gerufen, um seine großen Taten zu verkünden. Seid Menschen des Zugangs, denn ihr habt freien Zugang zu der Liebe, die das Geheimnis unseres Lebens ist und ohne die niemand leben kann. Seid die Stimme, die ohne viele Worte davon redet inmitten des Gewirrs der vielen Stimmen. Ihr seid es, deshalb seid es! Und auf niemanden von euch, auf keines dieser zahllosen Salzkörner, Lichtstrahlen, Priester und Stimmen wollen wir und will Gott verzichten! Kostbar seid ihr! Priester und Könige und heilig!

3. Im Konkreten des Alltags

Schon in dem also, was wortlos und unspektakulär bleibt, kann ein ganzes, innerlich entfaltetes Lebenszeugnis als Verkündigung gegeben sein! Doch die Verkündigung, die uns als königliche Priesterschaft aufgetragen ist, beschränkt sich nicht nur aufs Wort- und Tatenlose. Unsere Verkündigung kommt zwar immer (und muss immer kommen) aus dem inneren Vernehmen des Wortes, aus dem Geheimnis von Wasser und Geist, von Brot und Wein. Doch so sehr im schlichten Sein in Fülle das Ganze ist, so drängt es doch, nach Maßgabe der Kräfte und Möglichkeiten, ins konkrete Leben und möchte sich dort weiter entfalten – so vielfältig wie unsere persönlichen Ursprünge und Wege, Begabungen und Interessen sind, unsere Lebenssituationen und -felder, unsere Berufungen, unsere Gemeinschaften, unsere Arbeitsbereiche und die Menschen, mit denen wir in Berührung kommen. Diese Entfaltung, und damit unsere Verkündigung, wird zwar dennoch vielfach nonverbal sein, aber unsere Einstellungen und Haltungen werden sprechen, und manchmal spricht doch auch ein entsprechendes Wort und öfter vielleicht noch ein unauffälliges Helfen, ein Engagement. Die Liebe in unserem Verhalten und in unseren Handlungen wird von unserem Glauben sprechen, ebenso die Bemühung um einen menschlichen Umgang und eine Solidarität im Teilen von

Sein, Zeit, Ohr, Vorsprung, Gütern und Mittragen. Ausweglosigkeiten.
Die uns aufgetragene Verkündigung geschieht in Familien, angefangen bei der gegenseitigen Glaubensbezeugung der Ehepartner und ihrem Zeugnis gegenüber ihren Kindern, in religiösen Gemeinschaften, an privaten und öffentlichen Arbeitsplätzen, in Schulen und in der Kinderbetreuung, im Religionsunterricht, in kirchlichen Gemeinden, Diözesen – etwa durch den nie an ein Ende kommenden Einsatz der Caritas, die stellvertretend tut, was wir Einzelne oft (auch aus wirklichem Unvermögen) schuldig bleiben, in der Weltkirche, in der Nähe und in der Ferne, unter Glaubenden und noch nicht Glaubenden – jeweils nicht nur ausgehend von Leitungsstellen der Kirche, sondern auch in vielen anderen scheinbar namenlosen Diensten, in Spitälern und Heimen und den verschiedensten sozialen Einrichtungen, in den Medien, an Universitäten – und immer jeweils weit darüber hinaus je nach Personen, Orten und Umständen und vor allem, wie der Geist es eingibt. Frère Roger z.B. hat in Taizé immer wieder erzählt, dass im kommunistischen Russland das Christentum durch die Großmütter überlebt hat. Niemals kann die Aufzählung vollständig sein, auch nicht die der Gnadengaben, der unterschiedlichen Charismen, von denen Paulus einige im Alltag der Kirche wirksame nennt. In ihnen und durch sie geschieht christliche Verkündigung: durch die Gabe, »Weisheit mitzuteilen«, »Erkenntnis zu vermitteln«, »Glaubenskraft«, »Krankheiten zu heilen«, »Wunderkräfte«, »prophetisches Reden«, »die Geister zu unterscheiden«, »Apostel, Propheten, Lehrer« … (1 Kor 12,8ff.; 28ff.).

4. Liturgie und Pastoral

Es ließe sich zweifellos lange über unseren Alltag und über unsere Verkündigung darin reden. Oder doch vielleicht gar nicht so lange. Denn er ist eben schlicht unser Alltag. Zu ihm gehört auch das Gebet. Auch dieses, als Geschenk der Erlösung im Heiligen Geist und als Antwort darauf, kann Verkündigung sein oder zu ihr beitragen. Wer betet, nimmt seinen Glauben wahr und kann als Glaubender wahrgenommen werden. Selbst dann, wenn du »in deine Kammer« (Mt 6,6) gehst und betest, bezeugt es deinen Glauben. Vollends als Gebet der Gemeinde ist es eine Proklamation des Glaubens. Als kleine, jedoch bedeutsame Beispiele können die zwei folgenden Gebetsrufe oder Akklamationen dienen.

Eine davon ist das »Amen«: Es bedeutet so viel wie »So ist es«, »So sei es« oder »So soll es geschehen«. Dieses kurze Gebetswort stammt vom hebräischen »amán« mit der Grundbedeutung »fest machen, fest sein, zuverlässig sein«. In einer seiner Verbalformen heißt es »festhalten, fest glauben, trauen«. »Amen« unterstreicht und bestätigt, und es erklärt (End-)Gültigkeit. Wir finden es im Gemeindegebet, wo es von Haus aus als Antwortruf seinen Platz hat, wie auch im persönlichen Beten als ein zusammenfassendes Einstimmen und Zustimmen. Im Grunde ist es ein Bekräftigen und Bekennen dessen, was wir jede und jeder und alle gemeinsam glauben. Es ist das kürzeste Glaubensbekenntnis.

Auf intensive Weise begegnen wir diesem kleinen Wort als Akklamationsformel in der Liturgie, vorrangig in der Feier der Eucharistie. In der Liturgie hat es auch, übernommen aus dem jüdischen Gottesdienst, seinen angestammten Platz. Eine besondere Bedeutung gewinnt das »Amen« in der Eucharistiefeier am Ende des Hochgebetes. Die Akklamation aller zur Feier Versammelten fasst das feierliche Gebet zusammen, das soeben durch den Bischof oder den Presbyter im Namen des ganzen Volkes in der Mitte der Feier gesprochen wurde. Die volle Mitfeier oder Konzelebration aller kommt darin zum Ausdruck. Priesterliche Vollmacht ist in diesem kleinen Wort. Bischof wie Presbyter sind gehalten, ja verpflichtet, nichts anderes zu beten und zu tun als das, wozu alle Mitfeiernden und das ganze Volk Gottes »Amen« sagen können. Wäre es anders, so wäre dieses »Amen« tatsächlich für uns ein recht harmloses und beliebiges »Ja-und-Amen«-Sagen. Denn wer immer der Feier vorsteht, betet und handelt im Auftrag Christi im Namen des ganzen Volkes. Weit entfernt davon, bezüglich des Amtes in der Kirche nur vor einem Gegenüber zu stehen, finden wir es bei der Erwägung dieses so kleinen Wortes wiederum eingebettet und eingefügt in das gemeinsame Priestertum aller Glaubenden. Das eigentliche Glaubensregulativ ist der Glaube aller.

Schön und sinnvoll – einer relativ häufig spürbaren Tendenz folgend – wäre es freilich, wenn alle gemeinsam auch das »Durch ihn und mit ihm und in ihm ...« zum Abschluss des Hochgebetes sprechen könnten. Das würde m.E. dem »Amen« keineswegs einen Abbruch tun, sondern vielmehr ihm Fülle schenken und den dankbaren eucharistischen Lobpreis in vielen Stimmen vervielfachen. Man könnte sich da z.B. an das machtvolle gemeinsame Beten der Jerusalemer Urgemeinde in Apg 4,24ff. erinnern oder an die lobpreisenden Chöre in der Offenbarung des Johannes. Das Argument aus der Tradition hat zweifellos Gewicht, legt aber wohl nicht dogmatisch fest. Dass es in Präfation und

Hochgebet Sprech- oder Singteile für alle Versammelten geben kann, zeigte immer schon das »Heilig ...« und zeigt die seit dem Zweiten Vatikanum eingefügte Akklamation zum »Geheimnis des Glaubens«, auf die ich unten noch zu sprechen komme.

Das »Amen« wird im sonstigen liturgischen und außerliturgischen gemeinschaftlichen und persönlichen Beten so oft gesprochen und wiederholt, dass seine Bedeutung kaum mehr zu Bewusstsein kommen kann. Praktisch alle Formelgebete werden damit abgeschlossen. Es wäre zweifellos sinnvoll, dieses gemeinschaftlich und persönlich dichte Glaubens- und Zustimmungswort wieder deutlicher ins Bewusstsein zu bringen, nicht zuletzt als Ausdruck unseres königlich-priesterlichen Betens in Lob und Dank und Bitte, in Bekenntnis und Proklamation unseres Glaubens. In der heutigen Form der Eucharistiefeier findet sich das »Amen« der je Einzelnen als persönliche Glaubensantwort an gutem Platz unmittelbar vor dem Kommunionempfang. Paulus widmet dem Wörtchen »Amen« einen wichtigen Satz: »Er (Gottes Sohn Jesus Christus) ist das Ja zu allem, was Gott verheißen hat; darum rufen wir durch ihn zu Gottes Lobpreis auch das Amen« (2 Kor 1,20). Die Stimme, die »Amen!« sagt oder antwortet, spricht in aller Kürze das Ganze aus, ihn, Jesus, das Wort: ihn, der, noch kürzer, das »Ja« ist, das Ja zu allen Verheißungen Gottes. Ihn, der selbst »ὁ ἀμήν – der Amen« heißt, der treue und zuverlässige Zeuge, der Anfang der Schöpfung Gottes« (Offb 3,14) und ihr Vollender.

Die zweite Gebetsakklamation, die ich nennen möchte, finden wir wiederum in der Liturgie der Eucharistie. Auch sie erweist uns alle als TrägerInnen gemeinsamer priesterlicher Verkündigung. Gemeint ist die feierliche Proklamation des

Geheimnisses unseres Glaubens, des Todes und der Auferstehung Jesu, die durch uns alle in der Eucharistie geschieht. Mit und in jeder Feier der Eucharistie verkünden, proklamieren, bekennen und preisen wir – im Herzstück des bis zum Zweiten Vatikanum allein dem Presbyter vorbehaltenen Hochgebetes – alle gemeinsam das österliche Geheimnis, das Ursprung und zentraler Inhalt unseres Glaubens ist, sein ganzer Sinn und Gehalt: »Deinen Tod, o Herr, verkünden wir, und deine Auferstehung preisen wir, bis du kommst in Herrlichkeit.«[41] Dieser Ruf lehnt sich an 1 Kor 11,26 an, und zwar an die ganze Gemeinde gerichtet: »Sooft ihr nämlich von diesem Brot esst und aus dem Kelch trinkt, verkündet ihr den Tod des Herrn, bis er kommt.« Hier handelt es sich nicht nur um *ein*, sondern um *das* »Geheimnis des Glaubens«, das wir, *alle* Feiernden, als königliche Priesterschaft in der Kirche und in der Welt verkünden, eine Kurzfassung der christlichen Botschaft. Wir *alle* – wiederum ausnahmslos und nicht doch eigentlich nur der Vorsteher – sind die Feiernden und die Verkünder des Geheimnisses der Eucharistie! Die Feier der Eucharistie ist das Ostermahl,[42] in dem unsere gemeinsame priesterliche Berufung ihrer »Quelle« und ihrer »Mitte« begegnet und ihren liturgischen »Höhepunkt«[43] findet und hat.
In diesem Zusammenhang müssten natürlich auch die liturgischen Dienste ausführlich erwähnt werden, die seit dem Zweiten Vatikanum in konsequenter Weise möglich geworden sind. Ich kann das hier jedoch nicht ausführlich und vollständig tun und muss auf das viele verweisen, das diesbezüglich schon geschrieben wurde und weithin Praxis geworden ist. Ich erwähne nur den Lektor/die Lektorin und die (nur!) taufgeweihten Kommunionspender und

Kommunionspenderinnen. Das waren bislang undenkbare Schritte – vor allem der letztere, um dessen Zurücknahme zumindest in der Praxis sich manche Gemeindeverantwortliche da und dort immer wieder bemühen. Zum Teil geht es auch der ebenfalls auf das Zweite Vatikanum zurückgehenden Handkommunion als Zeichen christlicher, d.h. gemeinsamer priesterlicher Weihe so.

Ich weiß wohl, dass ich von meinem Thema her auch auf die pastoralen Dienste zu sprechen kommen sollte, die inzwischen möglich geworden und aus den Gemeinden erwachsen und in ihnen wesentlich geworden sind. Nicht selten sind sie Gemeinde ermöglichend und neu verlebendigend, bis hin zur Gemeindeleitung, die durch Frauen und Männer geschieht, offiziell oder de facto. In all dem ergibt sich selbstverständlich ein großer und vielfältiger Bereich der Verkündigung. Vieles ist in staunenswerter Weise möglich und zu gleicher Zeit notwendig geworden! Als Jesuit denke ich auch mit großer Dankbarkeit und Freude an jene Frauen und Männer, die – ebenfalls zuvor undenkbar – in Geistlicher Begleitung und in Exerzitienbegleitung tätig sind. Es werden dadurch keineswegs »nur Lücken geschlossen«, sondern es entsteht ein neuer Reichtum und eine neue geistliche Kompetenz. Und so ist es in vielen anderen Bereichen. Da lebt und wächst Seel- und Menschensorge in vollem Sinn. In all dem, was da in Liturgie und Pastoral wächst, gibt es freilich von verantwortlicher Seite, bis in höchste Ebenen, manchmal mehr Besorgnis als Freude.[44] Wir dürfen im Blick auf den Herrn der Kirche hoffen und uns dafür einsetzen, dass zunehmend die Freude überwiegt.

5. Die Frauen

In diesem österlichen Zusammenhang muss auch unbedingt an den Verkündigungsauftrag erinnert werden, der am Ostermorgen an eine Gruppe von Frauen, die »Salbenträgerinnen« (in der Ostkirche mit dem griechischen Ausdruck »Myrophorinnen« bezeichnet: die Frauen, die, um Jesus die letzte Liebe zu erweisen, Salben zum Grab tragen), ergangen ist. Sie waren Jesus nachgefolgt und hatten ihn mit seinen Jüngern begleitet (Lk 8,1ff.; 23,49). Drei werden auf ihrem morgendlichen Weg zum Grab Jesu »am ersten Tag der Woche«, »als eben die Sonne aufging«, namentlich genannt: »Maria aus Magdala, Maria, die Mutter des Jakobus, und Salome« (Mk 16,1f.).
Als sie »in aller Frühe« dieses Tages sein Grab aufsuchen, um den Gekreuzigten zu salben und ihm so die letzte Liebe zu erweisen, erhalten sie aus Botenmund den Auftrag, seinen Jüngern die Botschaft von seiner Auferstehung zu überbringen. Denselben Auftrag erhalten sie gleich darauf von Jesus selbst (Mt 28,10). Im Johannesevangelium (Joh 20,1ff.) ist es Maria von Magdala, die »am ersten Tag der Woche ... frühmorgens, als es noch dunkel war, zum Grab« kam, das Grab leer fand und schnell den beiden Jüngern, Petrus und dem, den Jesus liebte, meldete: »Man hat den Herrn aus dem Grab weggenommen und wir wissen nicht, wohin man ihn gelegt hat.« Einer der beiden, der, den Jesus liebte, findet im Grab zum Osterglauben, doch auch sie sehen Jesus nicht. Als Maria, alleine, verzweifelt weinend, sich vom Grab nicht trennen kann, begegnet ihr Jesus und erteilt ihr den österlichen Verkündigungsauftrag: »Geh ... zu meinen Brüdern und sag ihnen: Ich gehe hinauf zu meinem Vater und zu eurem Vater, zu meinem Gott

und zu eurem Gott. Maria von Magdala ging zu den Jüngern und verkündete ihnen: Ich habe den Herrn gesehen. Und sie richtete aus, was er ihr gesagt hatte« (Joh 20,17f.). Maria aus Magdala ist nach dem Johannesevangelium die erste österliche Augenzeugin und die erste Verkünderin des Auferstandenen. »Ich habe den Herrn gesehen!« Dieses Wort allein schon ist Verkündigung des Unerhörten, das »keinem Menschen in den Sinn gekommen ist« (1 Kor 2,9). Sie verkündet im Auftrag Jesu seinen »Brüdern«, den Aposteln, die Osterbotschaft und wird damit zur »apostola apostolorum«, zur »Apostelin der Apostel« (so genannt von Hippolyt von Rom, um 200). Sie verkündet (»ἀγγέλλουσα«) bis heute diese unseren Glauben begründende Botschaft uns allen ohne Unterschied der Position. Frauen sind also nicht nur liebevolle Salbenträgerinnen, sie sind die ersten Trägerinnen der Osterbotschaft. »Stellt euch vor, die Frauen hätten in den Kirchen Schweigen bewahrt!«[45]

Das Wort von der neuen Schöpfung, das Wort unbegreiflicher Liebe, das alles auf den Kopf stellt und Rettung und Leben aus dem Tod der Welt und jedes Menschen bedeutet: Nicht Amtliche sind es, sondern Menschen aus dem »gewöhnlichen« priesterlichen Volk, Frauen, denen zuerst dieses Wort anvertraut und zur Verkündigung an ihre zum Amt bestellten Brüder aufgetragen worden ist. Von ihrer Bedeutung wird zwar manchmal gesprochen, etwa in Predigten, auch mit dem prägnanten Hippolytwort. Sie ist aber dennoch wenig im Bewusstsein. So ist diesen Frauen, in der Person der bekanntesten und vielleicht bedeutendsten unter ihnen, Maria aus Magdala, im liturgischen Kalender kein Fest – wie hingegen jedem der Apostel –, sondern nur ein Gedenktag gewidmet.[46] Und doch waren sie es, die, an vorrangiger Stelle königlich-priesterlich beauftragt, den Aposteln und uns allen die größte der Großtaten Gottes im ersten österlichen Licht verkündet haben. Die Ostkirche zeigt da wohl mehr Sensibilität. Sie kennt am selben 22. Juli das Fest der »Hl. Myrophorin und Apostelgleichen Maria von Magdala« – wobei der Titel »apostelgleich« auch anderen bedeutsamen Heiligen beigegeben wird. Und noch ein weiterer Gedanke ist naheliegend: Es kann gut sein, dass die österlichen Evangelien uns auch deutlich darauf hinweisen möchten, dass Frauen überhaupt einen besonderen Sinn für das österliche Geheimnis von Kreuz und Auferstehung und einen besonderen Auftrag zu seiner Verkündigung besitzen. Für immer haben uns die Evangelien die Frauen zum Kreuz und in den Ostermorgen, an den Anfang unseres Glaubens gestellt. Bedenken wir, was fehlen würde, wenn ihre Stimme nicht wäre oder hätte schweigen müssen. Die Evangelien bekennen sich dazu, dass ihre Stimme von den Zuständigen, den Aposteln, zu Unrecht »ὡσεὶ λῆρος – als Geschwätz«! (Lk 24,11) – abgetan wurde. Ist es denn wirklich um so vieles schwieriger und ungewisser, Frauen zu glauben als Männern? Oder sind genau solche Klischees willkommene Ausflüchte unseres Unglaubens (vgl. Mk 16,13)? Und wie gehen wir heute mit der Botschaft der Osterereignisse (auch sie enthalten eine Botschaft!) um? Mit der Botschaft, dass der österliche Weg Jesu zu den Menschen, sein Weg der neuen Schöpfung, von Begegnung zu Begegnung, bei den Frauen, die ihm gefolgt waren, seinen Anfang genommen hat? Mit der Tatsache, dass er in aller Frühe zuerst ihnen mit seiner Liebe, mit dem allereinfachsten üblichen Gruß »χαίρετε«, »Seid gegrüßt/Freuet euch« entgegenkam (Mt 28,9) und sie des Erstzeugnisses für fähig und wert erachtete und auch da wieder

Konventionen durchbrach, in diesem Falle die der mangelnden gültigen Zeugenschaft von Frauen? Kann es sein, dass wir – wie die Apostel damals und in ihrem Gefolge – diese seine Sprache bis heute nicht ganz verstehen?
In der Geburtsstunde unseres Glaubens sind Frauen die Ersten: als Jesus Suchende, als von der Botschaft und von ihm selbst Angesprochene, als ihn Sehende, als Glaubende, als Zeugen und Verkündigerinnen. Sehr prägnant, fast polemisch-barsch setzt sich Hieronymus für die Bedeutung der Frauen im christlichen Heilsgeschehen ein. Nachdem er ihre besonderen menschlichen Vorzüge herausgestellt hat, bekräftigt er sein Lob damit, dass »unser Herr bei seiner Auferstehung zuerst den Frauen erschienen ist und sie Apostelinnen der Apostel waren, damit den Männern die Schamröte darüber ins Gesicht steige, dass sie noch nicht einmal ihn zu suchen begonnen hatten, den das schwächere Geschlecht inzwischen bereits gefunden hatte«[47]. Hier wird also der Apostelname den Frauen am Grab insgesamt zuerkannt, und als Apostelinnen und Evangelistinnen begegnen wir ihnen in der Alten Kirche bis ins frühe Mittelalter.
Ruhiger, aber nicht weniger deutlich meldet sich Edith Stein zu Wort: »Schließlich ist Weckung und Förderung des Glaubenslebens in den Seelen, wo immer die Möglichkeit dazu gegeben ist, Beruf jedes Christen. Die Frau ist aber in besonderer Weise dazu berufen dank der besonderen Stellung zum Herrn, die ihr zugedacht ist.«[48] Da lässt sich gut weiter aufmerksam machen auf die Bedeutung, die den Frauen in der Verkündigung des Evangeliums zukommt – und zwar auf Grund ihrer Bedeutung überhaupt. Frauen sind, wohl auf eine unmittelbarere Weise, für das Leben zuständig. Immer waren sie zuständig für eine At-

mosphäre des Lebens, für Gesundheitssorge und heilende, hingebungsvolle Pflege in der Familie und darüber hinaus, für die Menschwerdung der Kinder, alltäglich und hautnah, für Vermittlung und Weitergabe der inneren, spirituellen, religiösen Dimensionen des Lebens, für Liebe einfach als Liebe. Sie sind das nicht allein, selbstverständlich nicht. Und doch ist da eine unersetzliche Besonderheit. Erzählend, mit Hilfe ihrer je eigenen Traditionen und Stilmittel, versuchen sich die Evangelien voller Wertschätzung diesem Besonderen, das Frauen eignet, anzunähern, indem sie deren Vortritt im liebenden, unerschrockenen und unbeirrten Suchen, Finden und Verkünden des unzerstörbaren neuen Lebens einhellig überliefern.

6. Verkündigen und Heilen

Jesus hat seinem Auftrag gemäß die Ankunft des Reiches Gottes verkündet. Er hat Kranke geheilt, hat Aussätzige rein gemacht und Tote wieder zum Leben erweckt. Das gehörte zu seiner Verkündigung. Beides gehörte zusammen, war nicht voneinander zu trennen. Die Heilungstätigkeit Jesu, seine Lebensmacht als Erweis seiner Liebe war Zeichen der nahe gekommenen Königsherrschaft Gottes. Als er dann seine Jünger aussendet, gibt er ihnen denselben Auftrag und dieselbe Vollmacht: »Geht und verkündet: Das Himmelreich ist nahe. Heilt Kranke, weckt Tote auf, macht Aussätzige rein, treibt Dämonen aus! Umsonst habt ihr empfangen, umsonst sollt ihr geben« (Mt 10,7f.). Im zweiten Markusschluss finden wir in den Worten des Auferstandenen an die Jünger Verkünden und Heilen nochmals verbunden (Mk 16,16.18).

Die Verkündigung will sich selbst in ihrer Wirksamkeit unmittelbar ausweisen. In den Jüngern, denen mit der Verkündigung zugleich die Heilungstätigkeit aufgetragen ist, sind hier zweifellos nicht nur die Apostel angesprochen, sondern in ihnen auch alle Christen, alle Jünger und Jüngerinnen Jesu. Gemeint sind hier nicht nur ÄrztInnen, Krankenschwestern und PflegerInnen. Tatsächlich gibt es vielfach unter uns Christen – und Gott sei Dank unter den Menschen überhaupt – die Gabe, kranken Menschen heilsam beizustehen und denen, die keine Kraft mehr zum Leben haben, zum Leben und zu neuem Leben zu helfen. Es gehört zu unser aller Berufung, heilsam zu sein für einander in den unzähligen kleinen und großen Leiden des Leibes und der Seele, einander zur Freiheit zu helfen und für guten Geist in den Gemeinden, in den Familien, in der Öffentlichkeit und wo auch immer in unserer Welt zu sorgen.

Wie der Verkündigungsauftrag, so ergeht auch der Heilungsauftrag in der Nachfolge Jesu an alle Glaubenden. Er ist nicht und war nie an das Amt in der Kirche gebunden noch ihm vorbehalten. Ebenso auch nicht die Ankündigung des gegenwärtig andrängenden Reiches Gottes, das möglichst viele Menschen in die Orientierung und das Tun Gottes einbeziehen will. Ausnahmen sind lediglich der kirchlich offizielle Exorzismus und die Krankensalbung.[49] Dies beides jedoch deckt bei weitem nicht das ganze Feld des Heilungs- und Lebensauftrages Jesu ab. Auch der Friedensgruß ist nicht nur wenigen reserviert, sondern allen anvertraut und aufgetragen wie auch der Auftrag, in der Verkündigung nicht in erster Linie auf Mittel und Sicherheiten zu setzen. Auch hier sind Episkopat und Presbyterat und das gemeinsame Priestertum nicht gegeneinander auszuspielen. Die Frage, ob der Kreis der Spender der Krankensalbung, wenn er erweitert würde, nicht mehr Menschen erreichen und helfen könnte, sollte vermutlich doch weiterhin gestellt werden dürfen und muss den besonderen Auftrag des Presbyterats (»die Ältesten der Gemeinde« Jak 5,14, die ja vielleicht von ihrer Befugnis oder Vollmacht delegieren könnten; »propter homines«: der Menschen wegen) gewiss nicht in Frage stellen. Das Zusammenwirken aller im Volk Gottes bezüglich des Heilungsauftrages Jesu wird umso selbstverständlicher vor sich gehen, als es sich beim Verkündigen und Heilen keineswegs und vor allem nicht um große Gesten handeln sollte (bei denen man sich ja gerne gegenseitig im Wege steht) – gerade nicht, wenn wir auf Jesus schauen, der Auffälligkeiten radikal gemieden hat und für sich selbst nie wollte (vgl. Mt 12,19f.!). Vielmehr ist es vor allem die Sorge füreinander, ist es die Liebe, sind es die Bitte und die Fürbitte, sind es jene Dienste, die unspektakulär hilfreich und heilsam sind, die unsere gemeinsame priesterliche Berufung menschlich und liebenswert machen. Damit soll jedoch keineswegs einer Zaghaftigkeit unserer Verkündigung und unserer Liebe das Wort geredet werden. Unspektakulär sein wollen und »von den Dächern« verkünden (Mt 10, 27): dies beides zugleich hat Jesus uns aufgetragen.

Auch Paulus nennt unter den Gnadengaben, die der eine Geist in den Gemeinden schenkt, die Gabe, »Krankheiten zu heilen« (1 Kor 12,9.28.30). Er erwähnt diese Gabe nicht als eine außerordentliche Besonderheit, sondern als zur ganz »normalen« geistgewirkten, auch nicht amtsgebundenen Ausstattung der Gemeinde gehörig. So, wie es ihm auch für seine eigene »Botschaft und Verkündigung« wichtig ist, dass sie »nicht Überredung durch gewandte und kluge Worte«, sondern »mit dem Erweis von Geist und Kraft verbunden« ist (1 Kor 2,4).

Die Träger der verschiedenen Gnadengaben und Ämter, ob diese nun groß oder klein, bescheiden oder außerordentlich erscheinen, sind gleichwertig. Sie sind gleichwertig durch das, was das Erste und Wichtigste ist: die Zugehörigkeit zu demselben Leib. Sie sind gleichwertig in dem, was sie zum gemeinsamen Christsein und zu seiner Verkündigung beitragen. Nicht nur die auffallenden Heilungen, die von sich reden machen, heilen! Wie heilsam sind oft gerade die, die Jesus die »Kleinen« nennt, die nicht viel von sich reden machen (wollen)! Und wie lange sind oft die Wege, bis das auch zur persönlichen Erfahrung wird und bis Gemeinden und Gemeinschaften das wahrzunehmen vermögen. Die Unterschiedlichkeit der Begabungen bzw. Positionen führt leicht zu (eigenen oder fremden) Urteilen oder zu Überheblichkeiten, die anderen ihre Minderwertigkeit bescheinigen wollen. Es bedarf oft vieler Einsichts- und Erfahrungsbereitschaft, um Freude zu gewinnen an der radikalen Gleichwertigkeit aller – der »Kleinen« wie der »Großen« – in ihrem Beitrag zur Verkündigung und zur heilenden Nähe und Gegenwart des einen Herrn. Äußerst prägnant hat dies Karl Rahner schon 30 Jahre vor dem Konzil gesagt: »Jeder Getaufte ist ein geweihter Seelsorger«.[50]

Vermittlung

Durch Jesus haben wir freien Zugang zum Vater. Durch ihn ist uns die Versöhnung geschenkt, die Vergebung der Sünden. Durch ihn allein und durch niemanden sonst. »Denn: Einer ist Gott, Einer auch Mittler zwischen Gott und den Menschen: der Mensch Christus Jesus, der sich als Lösegeld hingegeben hat für uns alle« (1 Tim 2,5). Er, nur er allein ist »der Mittler eines neuen Bundes« (Hebr 9,15; 12,24). Und weil er »Mittler eines besseren Bundes ist«, »ist ihm ein umso erhabenerer Priesterdienst übertragen worden« (Hebr 8,6). In diesem selben Sinn kann also niemand mehr Mittler sein. Dennoch gibt es zum Thema Vermittlung manches zu sagen, was uns in seiner Nachfolge betrifft.

1. Vermittlung in den Evangelien – ein Modell

So gibt es, da wir Priester sind mit ihm, Vermittlung und Mittlerschaft der Glaubenden füreinander, für alle Menschen und in bestimmter abgeleiteter, aber wahrer Weise auch zu Jesus und zu Gott hin. Ein schönes Beispiel dafür findet sich im Johannesevangelium: Heidnische »Griechen«, wohl Proselyten, wenden sich an Philippus, einen der Jünger Jesu, mit der Bitte: »Herr, wir möchten Jesus sehen. Philippus ging und sagte es Andreas; Andreas und Philippus gingen und sagten es Jesus« (Joh 12,22). Das ist ein ganz ungezwungener, »natürlicher« Vorgang. Wir finden ihn auch bei Heilungserzählungen: Ein Centurio (Mt 8,5ff.par), ein Mann in königlichem Dienst

(Joh 4,46ff.), bittet für seinen kranken Diener bzw. Sohn; die ersten Jünger sprechen bei einem Besuch im Haus des Simon Petrus mit Jesus darüber, dass dessen Schwiegermutter schwer erkrankt war, und bitten ihn für sie (Mk 1,30; Lk 4,38); wir erinnern uns an die vier Männer, die sogar das Dach abdecken, um einen Gelähmten zu Jesus zu bringen (Mk 2,1ff.; Lk 5,17ff.); oder an jene heidnische Frau, »von Geburt Syrophönizierin«, die für ihre kranke Tochter bittet und trotz des abweisenden Wortes Jesu hartnäckig und schlagfertig durchdringt (Mk 7,26).
Es sind Erzählungen aus dem Alltag Jesu. Von Interventionen von Menschen für Menschen wird erzählt, vom Eintreten von Menschen für andere. Und von der Zugänglichkeit Jesu – d.h. auch Gottes – für solche Mittlerschaft. Zwanglos und in derselben Normalität der Liebe und des Glaubens lässt sich das auch auf unseren Alltag übertragen. Unser Priestertum macht anderen die Liebe Gottes in Jesus zugänglich. Es bewirkt nicht die Erlösung – nie und nimmer, aber es macht sie für andere wirksam. Wir können für sie den freien Zugang nützen, den wir haben und von dem oben die Rede war, in Gebet und Fürbitte. Wir können ihnen mit der Kraft der Vergebung begegnen, die wir empfangen haben. Wir können dort, wo wir sind, bezeugen, dass es eine Zuwendung und Liebe gibt, die sich selber gibt. Wir können das auf den Dienst am Wort ausdehnen, auf die Art und den Inhalt unseres Sprechens und Miteinander-Redens. Und wieder sind wir da beim Priestertum des Alltags, beim liebevollen Dienst von Mensch zu Mensch, ohne den kein priesterlicher Dienst diesen Namen verdient.
Es mag vielleicht überzogen erscheinen, wenn wir die genannten Erzählungen, in denen Menschen für andere Men-

schen bei Jesus eintreten, als Beispiele für das Priestertum, das allen Glaubenden geschenkt ist, betrachten. Denn es handelt sich ja, wie schon gesagt, um ganz spontane, aus bedrängender Not geborene, einfach glaubende Einsätze für andere. Kann man das Priestertum nennen? Doch wie ist es mit dem Priestertum Jesu selbst? In seinem alltäglich-grausamen Verbrecherschicksal, in seiner im Grunde aus rein machtpolitischen Motiven erfolgten, ganz profanen Hinrichtung am Kreuz, haben Glaubende und schließlich die Kirche seine priesterliche Selbstgabe, den Vollzug seines einzigartigen, für alle Menschen eintretenden Priestertums erkannt. So stellt sich auch das Priestertum aller Glaubenden auf der ganz alltäglichen Bühne der Menschen und ihres Eintretens füreinander dar.

2. Fürbitte ist liebevolle Zuwendung

Ich möchte aus den eben angesprochenen, den Evangelien entnommenen Beispielen, die sich unschwer vermehren ließen, zwei schon erwähnte Aspekte noch eingehender hervorheben: die Fürbitte und in ihr die Zuwendung. Zunächst die Zuwendung. Wann immer Menschen für andere bei Jesus und bei Gott eintreten, ist ihr Interesse dem anderen Menschen zugewandt. Er/Sie ist ihnen so wichtig, dass sie ihn/sie dorthin bringen, wo die meiste Hilfe zu erwarten ist. Das ist natürlich nicht die einzige Form der Zuwendung, aber eine besondere. Oft, wenn die Hände gebunden sind, wird sie auch die einzige sein und bleiben müssen. Oft auch wird sie eingebettet sein in so vieles, das wir füreinander tun können: ein Wort der Liebe, eine Geste der Versöhnung, ein spürbares und effektives Helfen. Jede echte Zuwendung ist eine Vermittlung jener Güte, die Gott selbst der Welt in Jesus zuwendet, in dem uns »die Güte und Menschenliebe Gottes, unseres Retters, erschienen ist« (Tit 3,4). In jeder Zuwendung zum Menschen ist etwas Sakramental-Priesterliches, denn sie lässt im Konkreten des Alltags jene Liebe Fleisch werden, die sich in Jesus geoffenbart hat. Gottesdienst, Sakrament und Gebet verlieren, wie schon gesagt, ohne das Priestertum des Alltags die Bodenhaftung. Zweifellos hat der Mann aus Samaria, der Mitleid hatte mit dem halbtoten Überfallenen und sich ihm zuwandte, priesterlicher gehandelt als der Priester und der Levit, die vorübergegangen waren. Und eine Stimme aus dem gläubigen Volk unserer Tage aktualisiert dies: »Alles vergolden sie, und die Menschen bleiben auf der Strecke.« Ja, es ist schlichtweg die Zuwendung, das mitfühlende Interesse, das uns Glaubende als Menschen und als Priester mit Jesus ausweist – nicht zuletzt eben in der Form des Gebetes füreinander.

3. Fürbitte im Alltag

Jede Zuwendung ist also Vermittlung der Güte und Menschenliebe Gottes. Die Zuwendung im Gebet ist es auf eine besonders intensive Weise. Menschen durch das Gebet in die Nähe, ja vor das Angesicht Gottes zu bringen, ist von Haus aus nicht und darf nicht ein Loskauf sein von allem anderen, das wir ihnen schuldig sind und schenken können – denn »die Liebe schuldet ihr einander immer« (Röm 13,8). Den anderen an den Ursprung aller Zuwendung zu bringen heißt vielmehr, ihm/ihr alle nur mögliche Güte und Liebe zuwenden zu wollen; heißt, ihn/sie an die-

se nie versiegende Quelle zu tragen, so eben, wie erzählt wird, dass Menschen Menschen zu Jesus trugen; heißt, sie in den niemals untergehenden Horizont des Lebens und der Liebe zu stellen; heißt, selbst mit dieser Quelle Kontakt aufzunehmen, so wie jene Menschen an Jesus herantreten, ihn ansprechen, ihn aufmerksam machen und durch ihre Bitte oder ihr Tun ihn zur Zuwendung zu bewegen suchen; heißt, uns selbst und den/die anderen glaubend und vertrauend in den Armen, im Gewand des Vaters zu bergen; und heißt noch vieles mehr. Unzählig vielfältig sind die Vorstellungen der Betenden, wie sie ankommen mit ihrem Gebet. Unzählig vielfältig sind auch die Vorstellungen der fürbittend Betenden. Unzählig auch ihre Wege. Manche suchen jemanden, der/die die Bitte unterstützen soll: so wie Philippus den Andreas (Joh 12,22), so wie sehr viele im Laufe der Jahrhunderte Maria, die Mutter des Herrn, so wie viele die Unterstützung der Gemeinschaft suchen (gemäß dem Versprechen Jesu »wo zwei oder drei in meinem Namen versammelt sind, da bin ich mitten unter ihnen« [Mt 18,20]) usf. Manche nehmen den Weg zur Quelle wörtlich und machen eine Wallfahrt und suchen auf diese Weise Unterstützung für ihr stellvertretendes Gebet …
Aber auf jeden Fall müssen wir mit den Menschen, für die wir beten, selbst zur Quelle gehen und dürfen nicht vergessen, dass wir selbst, auch ohne ausgesuchte Unterstützung, freien Zugang haben! Wenn wir uns an Thérèse Martin erinnern: Sie holt sich unmittelbar, auf seinem Schoß sitzend, was sie für ihre Novizinnen braucht. Eltern beten für ihre Kinder, beten um deren Glauben. Presbyter beten für ihre Gemeinden. Ärzte beten für ihre Patienten. Lehrer für ihre Schüler. Angehörige für ihre Kranken. Gemeinden beten für die Kirche, für Katastrophenopfer, für Aids-

kranke und um den Frieden in der Welt. Beschauliche Klöster treten ein für alle Anliegen der Menschen; eindrucksvoll z.B. das Wort in den Kartäuser-Statuten: »Getrennt von allen, sind wir eins mit allen, damit wir stellvertretend für alle vor Gott stehen.« Die erste Gemeinde in Jerusalem muss sich noch ihres freien Zugangs bewusst gewesen sein, als bei ihrem einmütigen Beten um »Heilungen, Zeichen und Wunder … durch den Namen deines heiligen Knechtes Jesus« der Ort ihrer Versammlung »bebte«; »und alle wurden mit dem Heiligen Geist erfüllt und verkündeten freimütig das Wort Gottes« (Apg 4,31). Das fürbittende Gebet, wie jedes Gebet, stammt aus einer Ermächtigung, ist ein Vollzug unseres Priestertums und erreicht Gott unmittelbar.

Es gibt in unserem Orden der Gesellschaft Jesu (Jesuiten) seit bald 200 Jahren eine Einrichtung, die sich »Gebetsapostolat« nennt. Sie wendet sich an Christinnen und Christen, die überhaupt nicht oder nicht mehr oder zeitweilig nicht (das war die ursprüngliche Situation: weil sie noch in Ausbildung waren) aktiv in der Kirche oder wo auch immer für andere tätig sein können. Ich spreche hier nur den Grundgedanken an, zu dem ausdrücklich das Wort »täglich« gehört: tägliche Fürbitte, tägliche Zuwendung zu all denen, die man jeweils zu Gott hinbringt, tägliche Selbstgabe, in Verbundenheit mit der ganzen Kirche. Solche und ähnliche Formen des fürbittenden Gebetes, die durchaus geradezu auch den Charakter der Stellvertretung annehmen, halte ich für eine äußerst bedeutsame Wahrnehmung des gemeinsamen Priestertums. An überprüfbarer Aktivität gänzlich oder in mancher Hinsicht gehindert (und wer erfährt sich nicht oft ohnmächtig in vieler Hinsicht und gehindert?) geschieht in solchem Fürbittgebet ein

Eintreten für die Kirche und für alle Menschen; ein betendes Bringen von Menschen und ihren Anliegen zu Jesus und zu seinem und unserem Gott. Wir lassen uns einbeziehen und werden einbezogen in ein Geschehen der Vermittlung, zu dessen Deutung ich wieder und wieder auf die oben erwähnten und ähnliche Beispiele in den Evangelien hinweisen möchte.

Dieses betende Bringen von Menschen zu Gott hat auch einen Darbringungscharakter, der im Grunde die ganze Welt mit einbezieht. Wir haben ja in Wahrheit »nichts« darzubringen, das zu unseren Gunsten in die Waagschale fiele, als ihn, der sich für uns hingegeben hat, Jesus. Zu ihm aber gehören alle, die er in seiner Selbstgabe »über die Erde erhöht« an sich gezogen hat (Joh 12,32). Das sind die Vielen in unserer Fürbitte. Das ist die ganze Welt, die wir als Christen in unserer Selbstgabe mit Jesus Gott darbringen. Aus dieser Sicht des Fürbittgebetes ließen sich naheliegend Überlegungen anschließen über unser gemeinsames priesterliches »Welt- und Schöpfungsamt«, und es ließe sich eventuell ein mögliches Verständnis für unser »Herrschen auf der Erde« (Offb 5,10) gewinnen; oder auch ein Impuls zu einer universellen Darbringung, wie sie etwa Teilhard de Chardin in seiner »Messe über die Welt«[51] anregt. Unser Darbringen freilich kann wiederum nur wahr und echt sein, wenn es im Gefolge der Selbstgabe Jesu in eins mit unserer eigenen Selbstdarbringung geschieht.

4. Fürbitte in der Liturgie

Wie immer also sind wir wieder auf unser Priestertum im Alltag gestoßen. Das Fürbittgebet hat jedoch zugleich einen seit ältester Zeit angestammten Platz in der Liturgie. Denn die Liturgie der Kirche hat seit der Frühzeit immer gewusst, dass zu Jesus, dessen Hingabe und Gegenwart die Feier bestimmt, auch ebendie gehören, die er an sich gezogen hat – und das sind »alle und alles« (Joh 12,32). Justin, der Philosoph und Märtyrer († um 165) z.B. überliefert uns aus der Eucharistiefeier nach einer Taufe: Die Christen führen den, der neu getauft ist, an den Ort, wo alle versammelt sind, »um gemeinschaftlich für uns, für den, der erleuchtet worden ist, und für alle andern auf der ganzen Welt inbrünstig zu beten«[52]. Es fällt auf, welch großen und festen Platz seit frühester Zeit das Fürbittgebet – für Lebende und Verstorbene – als Formular in den Hochgebeten, die der Presbyter im Namen des gesamten versammelten Volkes und der Kirche spricht, also im Kernbereich des eucharistisch-liturgischen Betens, einnimmt. In der heutigen Feier der Eucharistie hat das Fürbittgebet seinen Platz auch vor der Gabenbereitung, wo es nicht in gleicher Weise als Formular festgelegt ist, sondern, unter Mitwirkung aller, freier gestaltet werden und auch die verschiedensten aktuellen Nöte und Anliegen ausdrücklich aufgreifen kann. Einen weiteren, einmalig bedeutsamen Höhepunkt des Fürbittgebetes der gesamten Kirche bilden die »Großen Fürbitten« in der Liturgie des Karfreitags. Im Gebet für die Verstorbenen reicht die Fürbitte der Eucharistiefeier über die irdische Welt hinaus und bringt auch jene Menschen, die schon die Todesgrenze überschritten haben, vor Gott hin. Die Liturgie weist die Fürbitte und die Bitte überhaupt, so wie die Danksagung und das Lob Gottes, als Gebet des ganzen priesterlichen Volkes Gottes aus.

5. Liebe: Vermittlung, die wir selber sind

Es lohnt sich sehr, das alles zu bedenken und weiterzudenken, denn wir, darunter selbst Leitende in der Kirche, wissen meist nicht wirklich, wie viel Priesterliches wir alle leben und tun. Wenn wir weiter über das Thema der Vermittlung nachdenken, durch die Gott uns mit ihm und mit Jesus mitwirken lässt, so entdecken wir, dass das nicht nur etwas ist, was wir tun, sondern – wiederum noch grundlegender – etwas, was wir sind. Ein/-e jede/-r von uns ist als Mensch und Christ/-in selber ein Sakrament – ein Sakrament der Nähe Gottes (so habe ich es einmal in einem Gespräch gehört). Im Nachdenken über die Sakramente sollte man diesen Aspekt des Alltags, des so unauffälligen und scheinbar so ganz gewöhnlichen, immer mitbedenken. Der Mensch ist Bild und Selbstausdruck Gottes, Geist und Fleisch, Gottes Aussage und Zusage. In ihm gewinnen wir Gott oder verlieren wir ihn, untrüglich. In ihm ist seine Nähe angeboten, ob wir sie ergreifen oder nicht. Wer am Menschen vorbeigeht, für den »greift« kein Sakrament. Wer sich wahrhaft in Liebe einem Menschen zuwendet, der »hat« die Gnade der Sakramente, ob er glaubt oder nicht. Jeder Mensch, ob Christ oder nicht, kann mir Vermittlung des menschgewordenen Gottes, niemals fehlgehendes Sakrament seiner Nähe werden. So versteht sich auch z.B. das Sakrament der Ehe, das sich die beiden Partner selbst, als Menschen, nicht nur als Christen, gemeinsam und gegenseitig spenden und in dem sie einander die Liebe und Treue Gottes vermitteln. Auch das ist wieder ein priesterliches Lebensprojekt der Liebe in Selbstgabe, in dem von neuem an den Kindern, sofern sie geschenkt werden, wunderbar abgelesen werden kann, was »Sakrament seiner Nähe« bedeutet.

6. Die Vermittlungskompetenz der Kirche

Die Kirche als Ganzes hat durch den in ihr fortlebenden Christus eine besondere, über die einzelnen Christen hinausgehende Vermittlungskompetenz. Diese Kompetenz kommt im Leitungsamt, in der Verantwortung für die Kontinuität der Lehre und in den Vollzügen, die wir als Sakramente kennen, zum Ausdruck. Es handelt sich dabei um eine Gewährleistung, dass die Person Jesu selbst und die durch ihn geschenkte Erlösung in der Gemeinschaft der Glaubenden in ihrer ganzen Fülle gegenwärtig und lebendig bleibt.

Der Episkopat, und mit ihm der Presbyterat, repräsentieren/vergegenwärtigen diese besondere Vermittlungskompetenz. Sie wird auch als besondere Vollmacht bezeichnet. Es übersteigt den Rahmen und die Zielsetzung dieses Buches wie auch meine verfügbare Kraft, eine Theologie des Amtes in Verbindung mit einer Theologie des gemeinsamen Priestertums darzulegen.[53] Im Hinblick auf das Thema, das ich mir gestellt habe, ist es mir vor allem wichtig, die Zusammengehörigkeit des Amtes in der Kirche mit dem ebenfalls der ganzen Kirche gegebenen gemeinsamen Priestertum aller bewusst zu machen. Ein erster, ganz naheliegender, freilich dennoch nicht immer bewusster Zusammenhang z.B. ist der, dass auch die mit dem Amt Betrauten grundlegend am gemeinsamen Priestertum aller teilhaben und ihr Amt ohne diese bleibende Grundlage nicht möglich wäre. Ein späteres Kapitel wird eine Möglichkeit bieten, auf solche und ähnliche Aspekte doch noch etwas näher einzugehen.

An diesem Ort scheint mir ein Blick vor allem auf die Sakramente bedeutsam. In ihnen – das Weihesakrament bedürfte dabei wohl einer eigenen Überlegung; etwas davon wird im übernächsten Kapitel aufgenommen – geschieht, was im einfachen christlichen Leben in einem ganz reichen Maß ebenfalls geschieht. Die Sakramente sind Verdichtungen dieses uns allen geschenkten Lebens, Verdichtungen und Quellverbindungen zur Brunnenstube der Gemeinschaft der Glaubenden in ihrer Gesamtheit, mit einer unfehlbaren Zusage des in der Kirchengemeinschaft für alle Zeiten lebendigen Christus. Die Brunnenstube ist er, Jesus, und sein Geist. Solche Lebensadern gehen aber auch unmittelbar zu jedem und jeder Einzelnen. Und auch sie haben ihre sakramentale Gewissheit, etwa in einer Tat wirklicher Liebe in Selbstgabe. In jeder Vergebung, gar in einer Vergebung ohne verbleibenden Bodensatz, einer Vergebung also, die kraft des Geistes Jesu keine Rückstände mehr hinterlässt. Oder in einem Beten, das mutig und dankbar und mit Freude oder aus Not und Bedrängnis hervorgepresst, die Unmittelbarkeit nutzt, die wir in Jesus haben. All das und noch vieles mehr des christlichen Lebens wird unmittelbar aus diesen Lebensadern gespeist, die von derselben Brunnenstube ausgehen und mit ihr verbinden. Es verbindet nicht nur uns selbst, sondern es strömt auch über auf die, für die wir da sind und mit denen wir leben, in die kleinen und noch so kleinsten lebensnotwendigen Gemeinschaften, in die Gemeinden – ja, und weit darüber hinaus; und umgekehrt.

Es wäre unsinnig, die Wirksamkeit der Sakramente und der Lehre der Kirche und die Wirkmächtigkeit des schlichten christlichen Lebens gegeneinander auszuspielen. Ebenso unsinnig wäre es, sich auf Vollmachten, gar göttliche Vollmachten zu berufen, ohne der Vollmachten zu achten und mit ihnen zusammenzuwirken, die allen gegeben sind. Beide sind auf Gedeih und Verderb vom Herrn zusammengegeben, vom allerersten Anfang der Kirche an. Doch es scheint mir dringend nötig, die Unmittelbarkeit und die gleichfalls untrügliche Gnade des christlichen Alltagslebens, d.h. des gemeinsamen Priestertums, mit äußerstem Nachdruck herauszustellen. Denn groß ist die Gefahr, und sie wird da und dort immer größer, dem gemeinsamen Priestertum nicht viel oder sogar, beinahe abschätzig, nur wenig zuzutrauen. Oder gar so weit zu gehen, Überlegungen zur Güte anzustellen, was man ihm zugestehen könne. Oder zu meinen, die Wahrnehmung des gemeinsamen Priestertums würde der Schätzung des Presbyterats schaden. Das Gegenteil ist der Fall. Die Kirche könnte niemals auch nur die kürzeste Zeit leben, ohne dieses priesterliche Netz an Lebensadern, Vermittlungen, Verbindungen, Unmittelbarkeiten und Hingaben des christlichen Lebens, aus denen sie sich alltäglich speist: »... würde die Liebe erlöschen, so würden die Apostel das Evangelium nicht mehr verkünden, die Martyrer sich weigern ihr Blut zu vergießen ...«[54] Und für den Presbyter, der der Lebendigkeit der Kirche dienen und ihr nicht hinderlich sein will, ist es unerlässlich, sich nicht da herauszunehmen, sondern von Grund auf und von ganzem Herzen sich in seinem Vermittlungsdienst in das Netzwerk der Liebe des priesterlichen Volkes, dem er selbst angehört, einzufügen. Denn sie, die Liebe des ganzen Volkes Gottes, ist die Kirche gewordene Liebe Christi, aus der auch der Presbyter lebt und handelt.

Könige und Propheten

1. Prophetinnen und Propheten

Wir sind Prophetinnen und Propheten mit dem Propheten Jesus, so wird es uns in der Taufe zugesprochen. »Einen Propheten wie mich wird dir der Herr, dein Gott, aus deiner Mitte, unter deinen Brüdern, erstehen lassen. Auf ihn sollt ihr hören« (Dtn 18,15; vgl. V. 18). Dieses Wort des Mose aus dem Alten Testament sieht unser Glaube in Jesus erfüllt: »Alle wurden von Furcht ergriffen; sie priesen Gott und sagten: Ein großer Prophet ist unter uns aufgetreten: Gott hat sich seines Volkes angenommen« (Lk 7,16). Im Volk ist er bekannt als »der Prophet Jesus von Nazareth in Galiläa« (Mt 21,11). Er hat sich selbst so bezeichnet (Mk 6,4par), und er wird auch das Prophetenschicksal erleiden (vgl. Mt 23,34ff.par). Nach seiner Kreuzigung sagt ein Jünger im Rückblick über ihn: »Er war ein Prophet, mächtig in Wort und Tat vor Gott und dem ganzen Volk.« Von besonderer Bedeutung ist das Zeugnis der Stimme aus der Wolke bei seiner Verklärung auf dem Berg, die ausdrücklich auf das Wort des Mose zurückgreift und es als in Jesus erfüllt proklamiert: »Auf ihn sollt ihr hören« (Mk 9,7par).
Auch an uns, als Getauften und Gefirmten in Christus, erfüllen sich die in der Apostelgeschichte zur Deutung des Pfingstereignisses aufgenommenen Worte des Propheten Joël: »In den letzten Tagen wird es geschehen, so spricht Gott: Ich werde von meinem Geist ausgießen über alles Fleisch. Eure Söhne und eure Töchter werden Propheten

sein, eure jungen Männer werden Visionen haben, und eure Alten werden Träume haben. Auch über meine Knechte und Mägde werde ich von meinem Geist ausgießen in jenen Tagen, und sie werden Propheten sein … Und es wird geschehen: Jeder, der den Namen des Herrn anruft, wird gerettet« (Apg 2,17f.21; Joël 3,1f.5a). An uns allen, Jungen und Alten, Männern und Frauen, hoch und niedrig, erfüllt sich, was an Jesus geschehen ist: Der Geist, der über ihm ausgegossen wurde und ihn zum Propheten salbte, ist auch über uns ausgegossen.

Schon im Ersten Bund nennt Gott sein Volk betont »meine Propheten«. Er will damit die Würde seines Volkes als sein auserwähltes Volk unterstreichen und es auf dem Exodusweg ins Gelobte Land, der durch und in die Gebiete verschiedener Völker führt, in Sicherheit sehen: »Tastet meine Gesalbten nicht an, tut meinen Propheten nichts zuleide!« (Ps 105,15). Freilich ist damit keine Garantie verbunden, dass uns, seinem Volk, nie etwas Böses zustoßen kann. Das schon erwähnte Prophetenschicksal seines eigenen Sohnes zeigt uns das überdeutlich. Noch dazu geht dieses sein Leidensschicksal von Gottes eigenem und von ihm in Schutz genommenen prophetischen Volk aus, das also ebenfalls umgekehrt keine Garantie hat, nicht auch auf schuldhafte Weise Verursacher von Leid und schwerstem Leid zu werden. Wir sind zwar »seine Propheten«, sein auserwähltes und geliebtes Volk, seine Erstgeborenen in Christus (vgl. Ex 4,22: »Israel ist mein erstgeborener Sohn« als Schutzwort gegenüber dem Pharao; Kol 1,15.18). Als solche sind wir aber zugleich ein Bild und Zeichen seiner Liebe zu allen Menschen, zu allen seinen Söhnen und Töchtern, die er gleich eifersüchtig liebt wie uns und die er – im Falle auch gegen uns – ebenso unter seinen Schutz stellt.

Was bedeutet das nun, mit Jesus und durch seinen Geist Prophet/-in zu sein? Wir verbinden mit dem Wort »Prophet« üblicherweise die Fähigkeit, Zukünftiges voraussagen, »weissagen« zu können. Gemeint ist jedoch vielmehr, Gegenwärtiges im Geist und im Licht Gottes ansprechen bzw. deuten zu können. Für uns ist das eine Fähigkeit in und aus der Kraft des Geistes Jesu. Das heute so oft genannte und eingeforderte Deuten der »Zeichen der/dieser Zeit« (Lk 12,56), zu dem wir als Christen nicht wenig beitragen könnten, gehört hierher. Es ist deutlich, dass etwa Paulus das »prophetische Reden« so versteht. Prophetisches Reden sieht er als eine höchst wertvolle, erstrebenswerte Geistesgabe, die jedes Gemeindemitglied empfangen und anstreben kann. Paulus sieht diese Gabe gegenüber dem »Zungenreden« als ein in der Gemeinde allgemein verständliches Reden, d.h. sowohl nach innen wie nach außen, das jeden gegenwärtigen Hörer, also auch einen Außenstehenden und Fremden, ins Herz treffen kann (vgl. 1 Kor 14,24f.). Das prophetische Reden in der Gemeinde zeichnet sich für Paulus auch dadurch als Gabe aus, dass es sich leichter ordnen lässt als etwa das »Zungenreden«. So ist es in seinen Augen eine Gebetsweise, die eine geordnete Gemeindeversammlung eher begünstigt: »Die Äußerung prophetischer Eingebungen ist nämlich dem Willen der Propheten unterworfen. Denn Gott ist nicht ein Gott der Unordnung, sondern ein Gott des Friedens« (1 Kor 14,32–33a). Auseinandersetzungen in der Kirche und unter uns Christen überhaupt könnten davon vielleicht profitieren. Dass Frauen nicht aktiv an diesem prophetischen Reden in der Öffentlichkeit der Gemeinde teilnehmen sollen (1 Kor 14,33bff.), ist zweifellos eine Zeitbedingtheit, die freilich auf Grund der Autorität der Hl. Schrift eine lange, oft leidvolle Nachwirkung bis heute hat und unter unseren heutigen Voraussetzungen in gemeinsamem Bemühen um unsere gemeinsame Würde und Berufung mehr und mehr überwunden werden sollte. Es ist zudem durchaus möglich, dass Paulus diesbezüglich konkrete Probleme bekommen hatte oder vermeiden wollte. Jedenfalls wird uns heute, wenn wir uns nicht verschließen, angesichts ihrer wachsenden Bedeutung auch in der Öffentlichkeit der gegenwärtigen menschlichen Gesellschaft ganz deutlich bewusst, dass wir auf die prophetische Stimme der Frauen auch und gerade in der Kirche nicht verzichten können. Sehr dankbar müssen wir dafür sein, dass im Laufe der christlichen Jahrhunderte diese ihre Stimme doch nicht nur geschwiegen, sondern sich wieder und wieder Gehör verschafft und uns in der Kirche wesentliche spirituelle und auch die »Zeichen der Zeit« betreffende, darunter kirchlich wie politisch höchst brisante Impulse geschenkt hat. Obwohl für Paulus fraglos die Liebe das Höchste und Lebenswichtigste in uns und unter uns ist, dessen wir von Gott aus fähig sind, so weiß er doch, dass es auch unserer prophetischen Stimmen in jeweiliger Zeit und persönlicher Situation bedarf: »Jagt der Liebe nach! Strebt aber auch nach den Geistesgaben, vor allem nach der prophetischen Rede!« (1 Kor 14,1).

2. Herrschen

»Die Herrschaft und Macht und die Herrlichkeit aller Reiche unter dem ganzen Himmel werden dem Volk der Heiligen des Höchsten gegeben. Sein Reich ist ein ewiges Reich, und alle Mächte werden ihm dienen« (Dan 7,27).

Wir Christen gehören zu denen, die Jesus »aus allen Stämmen und Sprachen, aus allen Nationen und Völkern mit (seinem) Blut für Gott erworben« und »für unsern Gott zu Königen und Priestern gemacht« hat und die als solche »auf der Erde herrschen« werden (Offb 5,9–10). Dem entspricht auch die Zukunftsperspektive für uns Christen auf Erden, die ein Volk von Priestern bilden (Offb 1,6; 5,10): Wir werden in der Vollendung »Priester Gottes und Christi sein und tausend Jahre mit ihm herrschen« (Offb 20,6). Und zum Schluss heißt es: »Der Herr, ihr Gott, wird über ihnen leuchten, und sie werden herrschen in alle Ewigkeit« (Offb 22,5). Es handelt sich also um ein irdisches und ein jenseitiges Herrschen, und zwar um ein Mitherrschen mit Christus, der als »König der Könige« (Offb 17,14; 19,16; vgl. 1,5) dazu bestimmt ist, die Völker zu »weiden« (Offb 12,5; 19,15 – Anlehnung an Ps 2). Der Gedanke des Mitherrschens begegnet bereits in Offb 2,26ff. (mit seiner Macht, die er von seinem Vater empfangen hat, die Völker zu »weiden«) und in 3,21 (mit Jesus auf seinem Thron sitzen – vgl. auch Mt 19,28; Lk 22,30). Im Sinne von Offb 20,6 steht das Mitherrschen nicht nur mit dem Königtum, sondern besonders auch mit dem Priestertum in enger Verbindung.[55]

Die Offenbarung des Johannes erklärt uns Christen alle zu Herrschenden, jedoch offensichtlich nicht zur herrschenden Klasse. Denn es ist nicht ein Herrschen, wie Könige oder andere, die Macht haben, es gerne tun oder wie auch Priester es können. Jesus selbst hat das an sich erfahren. Er sieht die Herrschenden als solche, »die als Herrscher gelten« oder »die Herrscher zu sein scheinen«, und es ist genügend bekannt, wie sie sich verhalten: dass sie »ihre Völker unterdrücken und die Mächtigen ihre Macht über die

Menschen missbrauchen«. Machtstreben, Machtmissbrauch, reine Ego-Willkür, Völkervernichtung, Gesetzesherrschaft, Ausbeutung der Schwächeren, Ausbeutung der Natur … sind ihre Kennzeichen. An vielem sind auch wir alle irgendwie beteiligt. »Bei euch aber soll es nicht so sein, sondern wer bei euch groß sein will, der soll euer Diener sein, und wer bei euch der Erste sein will, soll der Sklave aller sein.« Wirkliche Größe, wirkliche Vorrang- und Vormachtstellung sind Sache der Kleinen und der »Heruntergekommenen«, die bei Jesus in der Schule des Lebens und der Nachfolge gelernt haben, dass es etwas Gutes und Schönes ist, wie er Diener und Dienerinnen, Sklaven und Sklavinnen zu sein. »Denn auch der Menschensohn ist nicht gekommen, um sich dienen zu lassen, sondern um zu dienen und sein Leben hinzugeben als Lösegeld für viele« (zu diesem Absatz siehe Mk 10,42–45).

Das Herrschen, von dem das letzte Buch des Neuen Testamentes spricht, ist jenes, zu dem Jesus selbst sich vor Pilatus, dem irdischen Machthaber, bekennt: »Du sagst es, ich bin ein König. Ich bin dazu geboren und dazu in die Welt gekommen, dass ich für die Wahrheit Zeugnis ablege« (Joh 18,37). Gegenüber dem, der die Macht hat, ihn zu verhören, und der ihm droht mit seiner Macht über Leben und Tod (Joh 19,10f.), vertritt er sein Königtum der Wahrheit. »Dass ich für die Wahrheit Zeugnis ablege.« Das ist offensichtlich eine ganz andere Herrschaft und Macht, die er ausübt. Die Wahrheit, die Jesus bezeugt, ist letztgültig souverän und verunsichert seinen Richter. Sie heißt Lebenshingabe. Sie heißt Selbstgabe. Deshalb ist das seine Stunde, die Stunde seiner einzigartigen »Erhöhung«. So »erhöht« wird er alle an sich ziehen (Joh 12,32).

Priesterliches »Herrschen« (vgl. oben zu Offb 20,6) im

Sinn der Offenbarung des Johannes heißt Partizipieren an Gottes und Jesu eigener Herrschaft und repräsentiert sie. Es lässt sich umschreiben als ein dem Königreich Gottes gemäßes Verhalten, wie es sich soeben an Jesus gezeigt hat, als ein schlechthin königliches Verhalten, dienend, ohne Machtausübung und ohne Untergebenen- oder Unterwerfungsverhältnisse[56], ein Herrschen (»βασιλεύειν«), wie es der Königsherrschaft Gottes (»βασιλεία«) entspricht. Diese unsere Mit*herrschaft* mit Christus als priesterliches und königliches Volk Gottes, die so schon anfanghaft auf dieser Erde erfahrbar werden will, wird auch mit dem Wort *Demut* zum Ausdruck gebracht. Demut wird ja oft als Dienmut interpretiert. Auf jeden Fall ist sie als einander Raum gebende Haltung, wo immer Menschen sind, für uns unerlässlich – nicht als spirituelle Kunstform, sondern ganz einfach als für uns selbst und unsere Umwelt befreiende Wahrheit.

Wo es um Leitungsaufgaben geht, bietet zweifellos auch das bekannte Pauluswort Orientierung: »Wir wollen ja nicht Herren über euren Glauben sein, sondern wir sind Helfer zu eurer Freude« (2 Kor 1,24). Mittel der Gewalt, der Selbstpositionierung, der Ausnutzung und Erniedrigung Schwächerer dürften unter uns keinen Platz haben. Doch Motive und Wege, die dem Dienst Jesu nicht entsprechen, können sich überall einschleichen. Demgegenüber sind wir von Haus aus dazu berufen, ein entschiedenes Gegenbild zu allen Herrschaftsformen eines sich selbst verabsolutierenden irdischen Imperiums zu sein. Wo dennoch derartige Züge sich zeigen, ist jeweils Selbstbesinnung und rascheste Umkehr geboten. Macht- und Autoritätsmissbrauch in den verschiedensten menschlichen Bereichen gehören zum Sensibelsten, was es an Verletzungen in der königlich-priesterlichen Gemeinschaft der Kirche und durch sie geben kann. Schlimm genug schon in jeder menschlichen Gesellschaft, ist er Jesus selbst und seiner Weisung diametral entgegengesetzt. Mit seinem klaren »Nicht so aber ist es unter euch« (Mk 10,43 wörtlich), das beinahe auch wie eine Bitte klingt, wollte er sich tief in unsere Herzen einschreiben. Differente Verhaltensweisen sind wie Ohrfeigen gegenüber dem, wozu er gekommen ist.

Das Wort »Herrschen« erinnert an das erste Kapitel der Hl. Schrift. Dort segnet Gott den Menschen, den er mitten hinein in seine Schöpfung erschaffen hat, und trägt ihm auf: »... bevölkert die Erde, unterwerft sie euch, und herrscht über die Fische des Meeres, über die Vögel des Himmels und über alle Tiere ...« (Gen 1,28). Dieser Herrschaftsauftrag von Anfang an, so sehr de facto oft missverstanden, will ganz im Sinne Gottes verstanden sein, der in seiner Herrschaft über seine Schöpfung, über alle Menschen und über sein Volk ein Hirte ist, ein königlicher Hirte, dem es um die Herde und ihr Wohl geht. Auch hier wiederum haben wir für unser »Herrschen«, zu dem wir eingesetzt sind, eine Orientierung: in unseren Gemeinschaften und in unserer ganzen Lebenswelt königlich-priesterliche Hirten zu sein. Wo wir in Wahrheit mit Christus »auf der Erde herrschen«, ist die Macht des Bösen in unserer Welt im Grunde schon zurückgedrängt. Von seiner Herrschaft der Selbstgabe Gottes in Jesus haben wir unermüdlich zu lernen – das gehört zum Unerlässlichen unseres gemeinsamen Priesterseins in der Kirche und auf unserer ganzen Erde.

3. Würde

Als Trostbuch in bedrängter Zeit macht die Offenbarung des Johannes den bedrohten Christen ihre Bedeutung und ihre Würde bewusst. Sie sind nicht nur »jemand«. Sie sind mit Christus Könige und Priester für Gott und werden auf der Erde herrschen. Und der 1. Petrusbrief will Ähnliches zu Bewusstsein bringen, wenn er seine Adressaten als auserwähltes Geschlecht, als königliche Priesterschaft, als heiligen Stamm, als besonderes Eigentumsvolk Gottes anspricht.

Von Gott eingestiftete und garantierte Würde besteht in jedem Menschen schon seit seiner Erschaffung. Für Teresa von Avila folgt aus dem Geschenk, dass die Seele »nach seinem Bilde geschaffen ist«, ihre »große Würde und Schönheit«. Und sie hält es für »eine schreckliche Unwissenheit ... wenn jemand keine Antwort wüsste auf die Frage, wer er ist, wer seine Eltern sind und aus welchem Lande er stammt?«[57] Unsere Unwissenheit bezüglich unserer Würde, die wir haben auf Grund unserer Erschaffung – das allein schon wäre Thema genug.[58] Doch unser Akzent hier richtet sich spezifisch darauf, dass unsere Erschaffung sich im Christusereignis erfüllt, kurz: auf unser Christsein, in dem die Würde unseres Menschseins mit eingeschlossen und erst voll ersichtlich ist und zum Tragen kommt.

Wer also sind wir als Christen? Wer sind wir durch die Neuschöpfung, die an uns geschehen ist? Sehr viele Christen wissen nicht, wer sie sind. Diese Seiten wurden genau dazu geschrieben, dieser »schrecklichen Unwissenheit« zu begegnen. Trotz wiederkehrender Gegenwinde in der Kirche wollte der Autor diesen Versuch nicht scheuen. Denn es handelt sich, mitten in einer Zeit der Bewusstwerdung der menschlichen Würde, um einen Zustand der Unkenntnis, den er tatsächlich für ein Elend hält: Nicht um unsere Würde und Schönheit zu wissen! Nicht zu wissen, von wem wir mit unserer Würde stammen! Nicht zu wissen, welchem weiten Land unermesslicher Liebe wir angehören!

Doch wir haben uns neu bewusst gemacht: Wir alle sind Söhne und Töchter. Wir alle sind Könige und Priester. Wir alle haben die Würde des Königtums und des Priestertums empfangen. Das tut der Würde des Episkopats und des Presbyterats keinen Abbruch. Und wir haben erkannt: Alle diese Würde haben wir durch und mit Jesus, der uns »mit (seinem) Blut ... erworben« und »für unseren Gott zu Königen und Priestern gemacht« hat (Offb 5,9f.). Dieser Ursprung unseres Priestertums in Jesus und mit ihm aus seinem Vater muss hier, nach allem Gesagten, nicht nochmals erläutert werden. Er spricht für sich.

Schließlich: »Unsere Heimat ist im Himmel« (Phil 3,20), der uns in Jesus schon auf dieser Erde geschenkt ist: Das Land aus dem wir stammen, ist Gott und sein Reich. Die Lebenswerte und die Lebensart dieses Landes sind uns durch Jesus überkommen. Sie sind uns aufgetragen und wir haben sie angenommen. Sie kennzeichnen uns und zeichnen uns aus voreinander (»übertrefft euch in gegenseitiger Achtung«, Röm 12,10) und vor den anderen. Denn das Reich, die Königsherrschaft (βασιλεία) Gottes ist bis zu uns gelangt und hat uns neu geboren. Im Sinne dieses Reiches, das unsere Heimat ist, wurde dem »Menschengeschlecht ... eine neue Würde und eine neue Zukunft geschenkt ...« Im Sinne dieses Reiches ist je neu jene »neue Gesellschaft« im Dienst der Menschheit »zu errichten«. Und es klingt wie eine Utopie, ist jedoch ein Postulat, das aus der Menschwerdung und dem Kreuzestod Jesu erwächst, dass in dieser neuen Gesellschaft »jeder Mensch seinen unantastbaren Wert und seine Würde als Individuum behauptet« – weil er in dieser neuen Gesellschaft nichts befürchten muss, wenn er seinen Wert und seine Würde behauptet; ja noch mehr: weil er in ihr dazu eingeladen ist und darin gefördert wird.

Ich habe soeben das Zitat von Basil Hume noch einmal aufgegriffen. Jedes Mal, wenn ich diese Zeilen lese, steigt in mir die Frage auf: Ist mit dieser neuen Gesellschaft tatsächlich eine schon bestehende Wirklichkeit in unserer Welt gemeint, oder handelt es sich um ein Wunsch- oder bestenfalls Zieldenken? Angesichts der vielen Verletzungen der Kostbarkeit und Würde wehrloser Menschen spitzt sich diese Frage noch zu. Denn auch abgesehen von diesen jüngsten Ereignissen wird die Kirche heute weithin daran gemessen, ob und wie sehr in ihr Wert und Würde des Menschen Raum und Wahrnehmung bekommen. Die Menschenwürde gehört in der Sicht und im Erleben unserer Zeit unabdingbar zur Gegenwart des Reiches Gottes unter uns. Sie ist der »harte Kern« der Christenwürde. Alles andere wird nicht als glaubwürdig erlebt. Der Sache nach war das, orientiert am jeweiligen Bewusstseinsstand, gewiss zu allen Zeiten so. »Propter nos homines – uns Menschen wegen«[59], so ist die Kirche durch ihren Gründer ausgerichtet. Daran möchten und müssen wir als Kirche erkannt werden und dahin den Weg gehen. Mag diese »neue Gesellschaft« auch »nicht größer (sein) als ein Senfkorn«, so ist sie »doch so kraftvoll und wirksam wie ein Sauerteig«. Sie könnte ihrer Berufung nach *jedem* Menschen Raum bieten in Achtung seines Personwertes und seiner menschlichen Würde. Wie viel Sehnsucht haben wir danach? Sehen wir dieses Anliegen so vieler Menschen überhaupt? Wie sehr ist es für uns eine Priorität? Was tun wir dafür? Wie stark ist unser Einsatz dafür? Wie denke ich über Menschen und wie behandle ich sie? Zu der Kraft, die diesen Lebensraum in der Kirche zu bilden drängt, gehört ganz entschieden, dass wir Christen selbst unsere Würde darin »behaupten« und einander und anderen mit aller Kraft dazu helfen. Das gehört zur königlichen Würde unseres Priestertums, somit auch wesentlich zur presbyteralen und episkopalen Verantwortung, und ist nach innen und außen erfahrbarer Ausdruck erlöster Menschenwürde.

4. Verantwortung

Aus all dem bisher Gesagten ergibt sich, dass die Verantwortung aller Glaubenden in Kirche und Welt ungleich größer ist, als wir im »Schatten« des Presbyterats zu denken gewohnt sind. Und dass andererseits Kirchenleitung und Presbyter mit viel größerer Selbstverständlichkeit und Geschwisterlichkeit, als wir es ebenfalls oft schon allzu sehr gewohnt sind, dankbar und mit viel mehr Vertrauen dem priesterlichen Volk (nicht nur im »Weltdienst«, sondern auch) im Raum der Kirche Mitwirken, Mitarbeit, Dienste und Verantwortung(en) freigeben könnten.

Der Presbyter im priesterlichen Volk

Gleich zu Beginn dieses Kapitels will ich sein Anliegen kurz formulieren: dass nämlich und wie sehr der Presbyter in seinem Amt auf sein Priestertum aus Taufe und Firmung, also auf das dem ganzen Volk Gottes gemeinsame Priestertum angewiesen ist. Und dass es nicht nur umgekehrt, wie so oft gesagt wird, das Angewiesensein des Priestertums aller auf das Amt des Presbyters gibt. Sein Amtsverständnis und damit sein Leben und seine Spiritualität können daraus nur gewinnen. Ich zitiere als Beleg dafür ein fast allzu bekanntes Wort aus bewährter Quelle, um es auf vielleicht etwas ungewohnte Weise zu interpretieren:
»Ubi me terret quod vobis sum, ibi me consolatur quod vobiscum sum. Vobis enim sum episcopus, vobiscum sum christianus. Illud est nomen officii, hoc gratiae; illud periculi est, hoc salutis.« »Wo mich erschreckt, was ich für euch bin, da tröstet mich, was ich mit euch bin. Für euch bin ich Bischof, mit euch bin ich Christ. Jenes bezeichnet das Amt, dieses die Gnade; jenes die Gefahr, dieses das Heil.«[60]
Es sei mir also gestattet, dieses oft herangezogene Augustinuswort im Sinne meines Themas zu akzentuieren. Über das Amt wird vieles gesprochen und geschrieben und ist viel gesprochen und geschrieben worden. Vieles über seine Bedeutung und seine Notwendigkeit und sein theologisches Verständnis. Vielleicht etwas weniger über seine Gefahr, die deutlich auf der Erschreckensseite (»Wo mich erschreckt« …) dieses Wortes genannt ist und die vierte der Gegenüberstellungen anführt. Auch ich möchte mich nicht so sehr mit der Erschreckensseite dieses Augustinuswortes befassen. Denn das ist insofern nicht nötig, als eine der

größten Gefahren des Amtes ja gerade darin besteht, die *Tröstungsseite* (»da tröstet mich« ...) in diesen Gegenüberstellungen, nämlich das Christsein des Amtsträgers, also sein eigenes Christsein, nicht oder zu wenig in seiner Bedeutung wahrzunehmen. Meinen Akzent möchte ich also auf das setzen, was einen Presbyter oder Bischof, der die Dinge ähnlich wie Augustinus sieht und empfindet, zu trösten vermöchte, und will in dieser Richtung eine Anregung geben.
Zuerst freilich bin ich noch eine Erklärung dafür schuldig, weshalb ich für den Träger des Dienstamtes in der Kirche durchgehend die Bezeichnung »Presbyter« gebrauche.

1. Presbyter

Das Zweite Vatikanum hat eine Korrektur im Bezug auf die Auffassung des amtlichen Priestertums herbeiführen wollen, »indem es schon im Titel des Dekrets ›Presbyterorum ordinis‹ ›über Dienst und Leben der Priester‹ nicht von Klerikern oder von sacerdotes sprechen wollte, sondern auf den neutestamentlichen Namen des Presbyters zurückgriff. Dieser an sich löbliche Versuch leidet allerdings daran, dass die Übersetzung des lateinischen ›presbyter‹ (von griechisch ›πρεσβύτερος‹) in die modernen Sprachen der westlichen Welt den intendierten Sinn gar nicht zum Ausdruck bringt, weil die entsprechenden Lehnworte sich zwar von presbyter herleiten (Priester, prêtre, priest, /prete – d. Verf./, presbitero), tatsächlich aber vom Kultpriestertum geprägt sind. Eine Änderung des Wortgehaltes im Sinn des Konzils wird erst das Leben selbst, die zukünftige Auffassung und Stellung des geistlichen Amtes,

herbeiführen müssen« (F. Wulf – s. u. Anm. 60). Im Deutschen ermöglicht das Wort »Presbyter« eine recht einfache Klarstellung der Begriffe. Es liegt in der Tat sehr viel an der Nomenklatur. Wenn man in beiden Bereichen, dem gemeinsamen und dem amtlichen, mit demselben Wort »Priester« und »Priestertum« arbeitet, dann bleibt der ursprünglich zwar in der Schrift allein so bezeichnete, durch all die Jahrhunderte jedoch sehr viel weniger beachtete Bereich weiterhin zu Unrecht im Schatten: nämlich das allen christlich Glaubenden gemeinsame Priestertum. Die Sprachregelung, für das Amt die Bezeichnung »presbyter« zu wählen, ist im Dekret nicht mit aller Konsequenz, aber doch weitgehend durchgeführt. Damit verbindet sich eine offensichtliche »Tendenz: nicht Weihe und Heiligkeit des Priesters, sondern sein Dienst und seine Aufgabe in der Kirche stehen im Vordergrund der Betrachtung.«
In Presbyterorum ordinis findet man einerseits unschwer und deutlich das »traditionelle Priesterbild«. Der Presbyter steht »auf Seiten Christi des Hauptes: der Kirche, den Gläubigen gegenüber. Wie sehr auch diese Sicht zu Recht besteht, so ist sie doch einseitig; sie isoliert den Priester, wie die Geschichte gezeigt hat.« Es ist dies das Bild, das »vom Sacerdotal-Kultischen, von der Konsekrations- und Absolutionsgewalt, bestimmt ist ... Diese Sicht wird dann allerdings ... entscheidend ergänzt.« Dabei »werden auch das gemeinsame Priestertum aller Gläubigen und das besondere Priestertum (= das neutestamentliche ›Dienstamt‹) des sakramentalen Ordo in einer universalen Schau auf ihre letzte Einheit zurückgeführt: hier erst zeigt sich, wie radikal das Priestertum des neuen Bundes sich von allem vor- und außerchristlichen Priestertum, auch dem des Alten Bundes, unterscheidet, wie sehr es ins Geistig-Personale ge-

wandt ist, in das Opfer des Herzens (die Übergabe der Person, der eigenen Existenz), von dem schon die alttestamentlichen Propheten proleptisch sprachen, wie sehr alles Priestertum seine Eigenständigkeit an das eine und einzige Priestertum Christi verloren hat.« Dabei »wird auch das gemeinsame Priestertum der Getauften ... als eigentliche, wirkliche Teilnahme an Christi Priestertum betrachtet«.[61]
Der Begriff »Presbyteros« bezeichnet in der Schrift einen angesehenen, sehr reichhaltigen, verantwortungsvollen und in den jüdischen wie in den christlichen Gemeinden unentbehrlichen amtlichen Dienst. »Wie im Volk Israel und in der Synagoge haben auch in der Urgemeinde von Jerusalem und in allen christlichen Gemeinden Älteste eine besondere Funktion. Unabhängig von ihrem tatsächlichen Alter sind es ›naturgegebene Autoritäten‹ (J. Becker), und besondere Repräsentanten der Gemeinde. Ihre Hauptaufgaben werden in zweifacher Weise gesehen. Sie haben die – in vertrauten biblischen Bildern ausgedrückte – Rolle von Hirten der Gemeinde. Zur Hirtenmetaphorik (d.h. zum Gebrauch des Hirtenbildes – d. Verf.) gehört auch die Bezeichnung ›Aufseher‹ (epískopos). Sie haben weiter einen besonderen Dienst im Bereich der Verkündigung und Lehre. Sie sind Garanten für die authentische Interpretation und Weitergabe der Christusbotschaft. Sie haben – in späterer Terminologie ausgedrückt – ein Hirtenamt und ein Lehramt. Eine Modellgestalt für den Dienst der Ältesten ist Paulus. In den Pastoralbriefen ist bereits eine Art Ritus (Handauflegung) bei der Amtsübertragung erkennbar. Weiter kann man sagen, dass die Ältesten in der Nachapostolischen Zeit auch die Rolle der Apostel fortsetzen.«[62]
Im Presbyterat der Kirche handelt es sich, wie im Episkopat, um einen notwendigen Dienst von Christen an Chris-

ten im Auftrag Christi. Was sich nicht bestimmen lässt, wohl weil es das nicht gibt, ist ein zeitliches oder sachliches »prius«, d.h. ein Zuerst des gemeinsamen Priestertums oder des Dienstamtes in der Kirche. Die Apostel waren, wie schon gezeigt, erste Christen und erste durch Jesus mit dem Dienstamt Betraute zugleich. Nicht wenig von ihrer Besonderheit und von ihrem Reiz oder Charme für uns besteht ja darin, dass sie einerseits offensichtlich von Jesus zu Verantwortungsträgern erzogen werden – dies jedoch zugleich und gerade so, dass sie bei ihm ihr Christsein erst blutig buchstabieren lernen müssen. Die gemeinsame Wurzel zeigt sich auch dadurch, dass nur, wer getauft ist, mit einem Dienstamt in der Kirche betraut werden kann. Die Zugehörigkeit zu Christus ist für jede Form des Christseins die Grundlage, Basis und Wurzel. Christsein und beauftragter Dienst am Christsein erscheinen als zugleich gesetzt – nicht nur de facto, sondern von dem, der der Herr und die eine Quelle ist: des Christseins und der normalerweise dafür benötigten Dienste.

Gut bekannt ist uns das Wort aus Lumen gentium 10: »Das gemeinsame Priestertum der Gläubigen aber und das Priestertum des Dienstes, das heißt das hierarchische Priestertum, unterscheiden sich zwar dem Wesen und nicht bloß dem Grade nach.« Unmittelbar daran schließt sich das folgende Wort an, das nicht so oft zitiert wird: »Dennoch sind sie einander zugeordnet: das eine wie das andere nämlich nimmt je auf besondere Weise am Priestertum Christi teil.« Die Wesens-(»essentia«-)Differenz kann sich ja nicht so verstehen, dass das »Priestertum des Dienstes« – man verzeihe bitte den Ausdruck – von einem anderen Stern wäre, sondern so, dass die Orientierung des kirchlichen Dienstamtes – aus demselben heiligen Ursprung (ἱερὰ ἀρχή)

unserer gemeinsamen Heilswirklichkeit, nämlich Christus – reflexiv dem Priestertum aller auf vielfältige Weise dienend/sorgend zugewandt/zugeneigt ist. Das Dienstamt in der Kirche hat als wichtigstes Unterscheidungsmerkmal seine wesentliche Ausrichtung, nämlich durch ebendiese ganz bestimmte Form liebender und sorgender Zuwendung zu allen. Um es mit Paulus zu sagen: durch die »Sorge für alle Gemeinden« (2 Kor 11,28) bzw. für die Gemeinden, für die die Sorge aufgetragen ist – wozu, selbstverständlich, weil ganz naheliegend, die nötige Bevollmächtigung gehört. Dass es dabei auch eine Differenz dem Grade nach (»gradu«) gibt, kann sich entschieden nicht auf eine graduelle Differenz bezüglich der Würde beziehen (die ja in allen gleich ist: LG 32!), sondern kann sich nur auf die für den Dienst notwendige und mehrfach gefächerte Leitungs- und Hirtenvollmacht und die damit gegebene »Stellung«/Amtsposition beziehen.
Hierzu noch zwei Stimmen. Zunächst die Stimme Karl Rahners: »Worauf das Amtspriestertum zielt, ist das Priestertum der Glaubenden und Liebenden.«[63] Umso bedeutsamer wird damit gemäß dem Augustinuswort für das Amt das einfache Christsein in Glaube und Liebe aus demselben Priestertum. Und in der Liebe weiß jeder und jede, dass er/sie dem/den anderen nichts voraushaben muss. Die zweite Stimme ist die einer ihr Leben lang im Glauben und aus den Sakramenten lebenden 80-jährigen Christin: »Der Priester ist nicht mehr und nicht weniger Christus als ich.« Dieses Wort scheint mir insofern von Interesse, als ein überzogenes Gegenüberstellen des Presbyters zur Gemeinde sich christlich als nicht produktiv erweist. In diesem Fall vielleicht dennoch, nämlich gegenläufig produktiv, insofern in dieser gläubigen Frau die eigene Christuswirklich-

keit entschieden als Antwort auf ein solches Überziehen auf den Plan tritt. Da eine solche Kraft nicht in allen ist, wäre statt einer konfrontierenden oder sich überhöhenden und distanzierenden eine geschwisterlichere Einstellung im Dienstamt den Gemeinden sicherlich zuträglicher. Selbst die amtlich-liturgische Repräsentanz Christi »in der Person des Hauptes Christus« (PO 2) durch den Presbyter in den sakramentalen Vollzügen hätte ja keinen Boden und ginge ins Leere ohne die Christusrepräsentanz aller Glaubenden als seine Kirche in dieser Welt. Und wir laufen Gefahr, das Amt zu verderben, wenn wir uns nicht in unserem ganzen Verhalten ohne Unterlass und zutiefst eben seines Charakters als Dienstamt bewusst sind, wie das Zweite Vatikanum es unermüdlich betont und wie es nicht anders sein kann im Sinne Jesu, der in uns allen in seiner Selbstgabe zur Darstellung kommen will.
Vorausschicken muss ich noch, wie schon öfter angeklungen ist, dass das, was ich im Bezug auf den Presbyter zu sagen versuche, in entsprechender Weise auch für den Bischof gelten muss. Denn es ist ja das Wort des Bischofs Augustinus, das diesem Kapitel Anregung und Struktur gibt.

2. Mich tröstet, was ich mit euch bin

Das, worum es uns allen gemeinsam geht, ist ganz einfach genau das, was uns allen gemeinsam ist. Es ist genau das, wofür unser aller gemeinsames Priestertum steht: das Geschenk unseres Christseins, in einer unbegreiflichen Erwählung und Würde. Davon war schon deutlich und ausführlich die Rede. Das ist die Basis und das ist das Glück des Presbyters wie eines und einer jeden von uns. Nicht

die Anforderungen, nicht die Erfolge und Misserfolge, nicht besondere Stellungen und Positionen seines Amtes und große Verantwortung sind sein Trost. Sie vermögen das in keiner Weise wirklich und tragfähig zu sein. Trost und Friede kann nur in dem Glück sein, das uns allen gemeinsam als Christen in Glaube, Hoffnung und Liebe geschenkt ist und das wir in der Gestalt des Dienens leben dürfen im Vermitteln, Teilen, Mitteilen, Austeilen und Weiterschenken. Es ist die Jesus- und Gottesbeziehung, die, in die verschiedensten Berufungen, Aufgaben und menschlichen Beziehungen persönlich je einmalig entfaltet, in allen ein und dieselbe ist.
Ein Beispiel: Die Frage Jesu an Simon Petrus »Liebst du mich?« (Joh 21,15ff.) ist keine spezifische Amts-, sondern eine gemeinsam christliche Elementarfrage. Als solche ist sie freilich gerade auch für das Amt von höchster Bedeutung. Und sie hat, wie für jeden Christen und jede Christin, natürlich zugleich eine ganz persönliche, beziehungsgeschichtliche Prägung, die in diesem Fall in ihrer Dreimaligkeit zum Ausdruck kommt. Die Dreimaligkeit der Frage bezieht sich gewiss einerseits auf die konkrete Geschichte des Simon Petrus mit Jesus, unterstreicht aber auch genau die elementare Bedeutung der Liebe zu Jesus in jeder Nachfolge und in jedem christlichen Dienen mit seiner je besonderen Verantwortung – damit dieses möglich und Jesus möglichst ähnlich wird. Keineswegs gebe ich in Exerzitien nur Presbytern diese Schriftstelle mit der Frage Jesu nach der Liebe zur Betrachtung. Nach dem Einen, das uns alle rettet und christlich lebensfähig und zum Dienen tauglich macht, ist gefragt. Diese Liebe ist, je persönlich und in allen gemeinsam, ein und dasselbe Glück und einziger Trost. Wir können eigentlich gar nicht anders, als

Augustinus zustimmen: Der Trost ist nirgendwo anders als in dem, was uns allen als Kindern desselben Vaters, als Brüdern und Schwestern Jesu, als seinen Jüngern und Jüngerinnen gemeinsam ist.
Es wäre ein grobes Missverständnis, aus dieser Darlegung eine Abwertung des Presbyterats herzuleiten. Ich bin vielmehr davon überzeugt, dass es auch für den Presbyter – und ich bin ja selbst einer – zur Sinngebung seines Dienstes gehört, sich der gemeinsamen christlichen Quelle zunächst für sich selbst bewusst zu werden und daraus allen, für die er da ist, zu demselben Bewusstsein zu helfen: zum Bewusstsein der ihm selbst und allen andern ebenso geschenkten Unmittelbarkeit zu Gott in Jesus, der all die Mittel in der Gemeinschaft der Kirche ja dienen wollen, die ihm anvertraut und aufgetragen sind. Wir werden die eine und allen heilsame Quelle je besser für uns selbst und die uns Anvertrauten nutzen können, je mehr das »Mit euch bin ich Christ« unsere Freude ist.

3. Mit euch bin ich Christ

a) Aus Wasser und Geist

Mit dem Glauben ist die Taufe das grundlegende Geschenk unseres Christseins. Unser Leben wird darin als neue Schöpfung neu konstituiert. Sind wir in unserem Werden im Mutterleib und mit unserer Geburt unserem Schöpfer begegnet, so begegnen wir in unserer Taufe und Firmung, im Glauben empfangen, dem, von dessen Bedeutung für uns das »Exsultet« der Osternacht singt. Ohne Jesus hätte uns unsere Geburt »nichts genützt«. In ihm und auf ihn hin sind wir geschaffen, und wir wären ohne ihn »umsonst«

geboren, denn in unserer Schwachheit bedürfen wir der erlösenden Neugeburt. Wenn auch nicht die erste Begegnung im Geist mit ihm in Wasser und Geist geschieht, so doch die volle Eingliederung in ihn und seinen Leib, die Kirche, im Heiligen Geist. Taufe und Firmung sind unversiegliche Lebensquelle, eine Quelle der Heilung und neu geschenkten Lebens ein Leben lang. Sie übersteigen mit ihrer Erneuerungskraft jene doch schließlich endende Regenerationskraft, die wir in unserer Geburt mitbekommen haben.

In Taufe und Firmung ist die Quelle, aus der alle unsere verschiedenen Berufungen schöpfen und aus der auch alle Sakramente erwachsen. Die darin gegebene Zugehörigkeit zu Christus, der »Priester, König und Prophet ist in Ewigkeit«, bedeutet von selbst die Zugehörigkeit eines und einer jeden, die die Taufe empfangen, zu dem einen gemeinsamen Priestertum aller Getauften. Ebenso konstituiert sich der Presbyterat in besonderer Berufung und Weihe aus derselben Quelle. Er hat mit Taufe und Firmung das gemeinsame Priestertum zur bleibenden, nie erlöschenden Voraussetzung. Die Taufgnade geht in der Weihegnade nicht unter, sondern trägt sie und geht in sie ein als in eine ihrer Entfaltungen. Das zu vergessen oder nicht zu achten käme einem Geringachten der Taufe gleich. Es klingt sehr glaubwürdig, was ich aus verlässlicher Quelle gehört habe, dass nämlich Johannes XXIII. neben dem Tag seiner Weihe zum Presbyter immer mit besonderem Vorzug seines Tauftages (zugleich sein Geburtstag: 25.11.) gedacht hat.

Das Empfangen ist Quelle jeden Gebens, wie das Hören notwendig die Quelle des Sprechens ist. Das Geben wird extrem mühsam, wenn es zu wenig Empfangen gibt. Das

Sprechen wird hohl und unbefriedigend, wenn es nicht aus einem Hören kommt. Unser Leben und Dienst als Presbyter trocknet aus, wenn wir nicht die genauso in uns wie in allen fließende Quelle des gemeinsamen Priestertums nutzen. Aus dem Empfangen kommt tatsächlich unser ganzes Geben und Schenken. Wir können niemals so kreativ sein, dass wir auf das aufmerksame, demütige und dankbare Empfangen aus dem Basisgeschenk unseres Glaubens und unserer Liebe verzichten könnten. Wenn wir daraus beziehen, was wir geben, tun wir uns – trotz aller Mühe – auch leichter, finden viel innere Hilfe für unseren Dienst und werden verständlicher und glaubwürdiger.

b) Freier Zugang in Unmittelbarkeit

Aus dem Hören des Wortes und aus Wasser und Geist kommt uns die Gabe des Gebetes, die Gabe des freien Zugangs. Auch diese haben wir mit allen Christen gemeinsam. Hier sieht man vielleicht besonders deutlich, wie sehr wir in einem Boot sind mit allen, die Jesu Namen tragen. Wir haben da allen anderen priesterlich nichts voraus. Oft sind andere viel geübter und vertrauter mit dem Gebet. Unser offiziell liturgisches Beten macht da meist nicht viel wett. Die amtliche Stellung darin ist nicht so, dass wir dadurch einen Vorrang als Beter hätten und einen besseren Zugang zu Gott. Wir sind ein Zeichen – und je schlichter, je besser – dafür, dass sich mit uns die ganze Kirche in verschiedenen Formen des Gebets versammelt und engagiert. Doch es ist das Gebet aller, die, so wie sie und wir mit ihnen es vermögen, in Hingabe ihrer selbst die Liturgie feiern und den freien Zugang zu Gott ergreifen. Allen anderen wie auch uns selbst kann es nicht nützen zu sagen: »Der

Tempel des Herrn, der Tempel des Herrn, der Tempel des Herrn ist hier!« (Jer 7,4). Denn wir selbst sind der Tempel, in dem reiche Kommunikation mit dem Gott stattfinden will, der darin wohnt und sich mit offenen Türen nach uns sehnt und deshalb uns alle durch das Blut Jesu zu Priestern vor ihm gemacht hat.

Als Presbyter Menschen des Gebetes zu werden, wie es uns in unserem gemeinsamen Priestertum aus der Taufe gegeben und aufgegeben ist, das gehört, meine ich, zum Dringlichsten und nicht Delegierbaren. Wenn wir anderen zu Gott hin helfen wollen, dann ist es unerlässlich, dass wir selbst den freien Zugang zu ihm nützen, der uns allen durch Taufe und Firmung geschenkt ist. Als Presbytern kommt uns keine andere oder größere Unmittelbarkeit zu. Es ist jene Unmittelbarkeit, von der schon oben die Rede war, die ein unauslöschliches Merkmal des Priestertums aller Glaubenden ist und die denkbar größer nicht sein kann. Wenn wir so beten, so andere mitnehmen, dann füllt sich und verlebendigt sich unser Beruf aus den Quellen unseres Ursprungs. Dieser Zugang steht uns überall und immer offen in den kurzen Aufblicken unseres Alltags mit den Menschen, und er steht uns überall und immer offen in den verschiedenen Gebetsformen. Es gibt ganz viele, ja wohl unendlich viele Weisen des Betens – auch des christlichen Betens, so viele, wie es Menschen und Christen gibt. Sie führen zu ihm und sie kommen von ihm, der uns beten gelehrt hat zu dem, der sein und unser Leben ist. Er, Jesus, ist die stets offene Tür zu Gott, an dessen Herzen (vgl. Joh 1,18) auch wir zugleich Quelle und Ruhe finden. »Abba«, lieber Vater! Wir können, wie alle, zu ihm gehen – jederzeit, ohne Etikette. Und unser Dienst gibt dem Beten eine eigene Dringlichkeit und ruft auch nach den Zeiten, die wir

dafür freihalten, so gut wir es vermögen, um mit seiner Nähe vertraut zu werden.
Der tiefste und letzte Grund aller Wirklichkeit und unseres Lebens, den Jesus uns zugänglich gemacht hat, ist lautere Liebe. Dahinter gibt es nichts anderes mehr. Selbstverständlich hat unser Beruf Einfluss auf die Weise unseres Betens. Ein Beten mit der gesamten Kirche wird einen Akzent darin bilden. Doch von jener Liebe ohne Boden und Grenzen, die Jesus den Seinen allen und ohne Ausnahme erschlossen hat, müssen wir uns ganz persönlich, wie jeder und jede andere der Getauften, beharrlich umfangen lassen und uns in ihr beheimaten. Sie ist die tiefste und innigste Wirklichkeit in einem jeden und einer jeden von uns. Wenn so das Licht und die Wärme des Vaters und die Güte Jesu in uns spürbar werden, weil wir betende Menschen kraft unserer Taufe sind, dann werden auch andere in der Kraft derselben priesterlichen Gabe des Gebetes diese Heimat suchen und lieben lernen.

c) Selbstgabe

Der Presbyter ist kein Opferpriester, wie es ihn im Alten Testament oder in anderen Kulten gab und gibt. Indem er der Feier der Eucharistie vorsteht, dient er durch die Vermittlung der Kirche der Vergegenwärtigung der Selbstgabe Jesu in der Eucharistiegemeinde. Sein persönliches »Opfer« jedoch in dieser Feier kann nicht einfach darin bestehen, dass er der Feier vorsteht. Sein persönliches Opfer in der Feier der Eucharistie kann nur, wie in allen, die das Gedächtnis des Herrn gemeinsam feiern, seine eigene Hingabe, seine Selbstgabe sein. Nichts anderes kann er der Objektivität der gemeinsamen Feier als seine eigene, persönliche Opfergabe beigeben. »Ahme nach, was du vollziehst« wird ihm vom Bischof bei seiner Weihe zum Presbyter gesagt. Wir feiern Eucharistie, um der Liebe Jesu im Gedächtnis seiner Lebenshingabe zu begegnen und uns in Selbstgabe ihr anzuschließen – der Presbyter wie jeder und jede der Feiernden. Mit allen Feiernden ist er priesterlich in das Mysterium einbezogen. Und da er seiner Vergegenwärtigung in besonderer Weise dient, wird er sich auch mit besonderer Hingabe einbeziehen lassen, indem er sich selbst mit allen gemeinsam zur Gabe gibt, wie so viele liturgische Texte es sagen. Er ist in seinem Dienst exponiert dazu herausgefordert, die priesterliche Dimension des Christseins zu leben.

Es ist hier nicht möglich und wohl auch nicht nötig, all das zu wiederholen, was oben zur priesterlichen Selbstgabe aller gesagt wurde. In der Eucharistie vollzieht sich unsere Selbstgabe auf die Weise der Darbringung. Hier bringen wir ein, was in unserem Leben, verbunden mit Jesus, geworden ist, und empfangen mit Freude und Dankbarkeit aus seiner Liebe neue Impulse. So ist die Feier der Eucharistie zutiefst verbunden mit unserem Alltag. Denn hier ereignet sich, von der Liebe Christi gedrängt (vgl. 2 Kor 5,14), Tag für Tag unsere Selbstgabe. Hier hat ebenso das Priestertum des Presbyters seinen nüchternen Platz. Selig sind wir, wenn wir unseren Alltag als den bevorzugten Platz unseres Priestertums in Glaube, Hoffnung und Liebe sehen und erfahren. Als Presbyter leben wir also mit allen das Priestertum unserer Taufe auf dem Weg der Selbstgabe im Alltag, in dem schlicht-alltäglichen Dienst, zu dem wir von der Kirche bestellt sind. Das »Herzensopfer« (vgl. GL 802,4/3) in der Eucharistie, die liebende Antwort unseres eigenen Herzens in unserer Selbstgabe,

vollzieht sich nicht abgeschieden oder gar abgehoben, sondern dort.
Mit unserem Dienst als Presbyter sind selbstverständlich spezifische Orientierungen und Aufgaben in unserem Alltag verbunden. So etwa die größere Verantwortung im Blick auf die Lokal- und Gesamtkirche, die amtliche Verkündigung, bestimmte Zuständigkeiten und Vollmachten der Leitung in der Feier der Sakramente, im Dienst an der Einheit, in der Sorge um alle. Daraus ergibt sich jedoch kein ersichtlicher grundsätzlicher Unterschied im Bezug auf das »Opfer des Herzens« und des Lebens, also die Selbstgabe, im Vergleich zu allen anderen Schwestern und Brüdern im Glauben. Unsere Selbstgabe mit Jesus jeweils in unserem Alltag ist uns allen in die christliche Wiege gelegt, damit wir sie verwirklichen und leben, in welcher Berufung immer wir stehen. Als Herz und Mitte des allen Glaubenden gemeinsamen Priestertums ist sie die Inkarnation, die Fleischwerdung und Erdung unseres Glaubens. Ohne sie ist auch der Presbyterat nicht geerdet in unserem Fleisch. Oder wir können ebenso gut sagen: Ohne sie fehlt ihm die Seele, fehlt ihm der Geist der Liebe Jesu.
»Ahme nach, was du vollziehst.« Von unserer Inkarnation als Presbyter ins gemeinsam Menschliche spricht sehr deutlich das Zweite Vatikanum. In ihrem, der Presbyter Dienst »helfen ihnen gerade jene Eigenschaften viel, die zu Recht in der menschlichen Gesellschaft sehr geschätzt sind: Herzensgüte, Aufrichtigkeit, Charakterfestigkeit und Ausdauer, unbestechlicher Gerechtigkeitssinn, gute Umgangsformen und Ähnliches, das der Apostel Paulus empfiehlt: ›Was wahr ist, was ehrwürdig und recht, was lauter, liebenswert und ansprechend, überhaupt was Tugend ist und Lob verdient, darauf seid bedacht‹ (Phil 4,8)«[64] (PO, 3). Der

Mensch und Christ im Presbyter ist also gefragt und soll seine Gestalt prägen. Was Paulus allen in der Gemeinde sagt, ist in PO für die Gestalt des Presbyters übernommen! Wie in uns allen, so soll auch in ihm die Inkarnation seines Berufes und Amtes in liebenswerter und ansprechender Menschlichkeit nach dem Bild Jesu geschehen: »In der Auferbauung der Kirche müssen die Priester allen nach dem Beispiel des Herrn mit echter Menschlichkeit begegnen« (PO, 6). Anders können wir Jesus, »das Ebenbild des unsichtbaren Gottes«, nicht vergegenwärtigen und verkünden. »Eine kirchliche Gemeinschaft bezeigt darüber hinaus durch Liebe, Gebet, Beispiel und Buße eine echte Mütterlichkeit, um Menschen zu Christus zu führen« (ebd.). So also, an Jesus abgelesen und dem menschlichen Fühlen und Empfinden in den alltäglichen Begegnungen entgegenkommend, möchte die Liebe unserer priesterlichen Selbstgabe in und mit der Gemeinde und darüber hinaus erfahrbar werden. Hierher gehört auch das oft auf das Dienstamt angewandte (aber nicht darauf allein beschränkte) Hirtenbild, das ja mit dem Thema der Selbstgabe, orientiert an der Selbstgabe Jesu, aufs engste verbunden ist (vgl. Joh 10,11.15).

Eine Erfahrung, die sich je neu bestätigt, besagt, dass in unserem Dienst als Presbyter der Anteil des Menschseins und des Christseins bei weitem den Anteil des Amtes an hilfreicher Wirkung übertrifft. Das betrifft die uns Anvertrauten, wirkt aber ermutigend auch weiter hinaus. Das ist u. a. einfach deshalb so, weil die Weihegnade elementar auf die Taufgnade angewiesen ist, um in unserem alltäglichen, aufeinander bezogenen Leben lebendig sein zu können und sich nicht nur in Funktionen zu erschöpfen. Die Besonderheit des Amtes aus der Weihegnade würde den Presby-

ter in seinem Dienst isolieren, wenn da nicht das liebenswürdige und tröstende gemeinsam priesterliche »mit euch« der Taufgnade wäre. Um in unserem Dienst lebendig und lebendig wirksam zu leben, muss man an erster Stelle Mensch sein und muss man Christ sein.[65]
Es gibt ein Sakrament, dessen Feier alle anderen Sakramente an Häufigkeit weit übersteigt und übersteigen muss. Keines der Sakramente ist so allgegenwärtig wie das Sakrament des Mitmenschen, das, schon in die Schöpfung eingestiftet, Jesus in seiner Menschwerdung und in seinem Paschamysterium als der eine und einzige Priester uns gegeben und für alle als Weg zum Leben ratifiziert hat. Dieses Sakrament ist universal, hat aber besondere Aktualität in unserem Alltag und will dort beständig in der Haltung der Selbstgabe aufmerksam, liebevoll und geduldig empfangen, gelebt und gefeiert werden. Es ist untrüglicher als jedes der Sakramente. Die absolute Notwendigkeit und Heilsgewissheit dieses Sakramentes hat Jesus uns eindringlich zu verstehen gegeben (vgl. Mt 25,31ff.; dazu Röm 13,8b u.a.). Auf dieses Sakrament sind wir alle verwiesen. Auf dieses Sakrament sind wir alle zu unserem Heil angewiesen, wir Presbyter wie jeder und jede andere in der Gemeinde und im Grunde wie ein jeder Mensch. Keiner und keine von uns wird anders gerettet. Nochmals: In der Selbstgabe alltäglicher Liebe vollzieht sich ausnahmslos unser aller gemeinsames Priestertum.

d) Vergebung

Das, was Gott am leidenschaftlichsten tut, da wir in Schuld gefallen sind und so die Sünde in die Welt gekommen ist und die Dinge nun einmal so stehen, ist das Vergeben. Wie viel Verlorensein vorausgehen mag und, so scheint es, vorausgehen muss (denken wir etwa an die beispielhafte Erzählung Jesu vom Weg des jüngeren Sohnes in Lk 15,11ff.), Gott gewinnt uns schließlich durch seine Vergebung. Durch eine Vergebung ohne Rest. Durch eine Vergebung mit offenen Armen in unvergleichlicher, strömender Freude dort, wo sie von uns angenommen wird: »Jetzt müssen wir uns doch freuen und ein fröhliches Fest feiern« (Lk 15,32)! Ihn bewegt jede Versöhnung, die ihm an uns gelingt. Und alles und noch viel mehr, als wir uns ausdenken können (vgl. Eph 3,20), investiert er dafür – bis zur Hingabe seines Sohnes.

Als Presbyter dürfen wir »durch den Dienst der Kirche« (so in der Vergebungsformel des Bußsakramentes) die sakramentale Vergebung zusprechen und ebenso im Namen der Kirche bei der Feier der Eucharistie das Kelchwort Jesu sprechen, das uns und allen die »Vergebung der Sünden« in seinem Blut verkündet. Wie ist die Vergebung, zu deren Feier wir leitend bestellt sind, in unserem Leben lebendig, sichtbar und erfahrbar? Wieder sind wir, so wie wir alle, auch als Presbyter an unseren Alltag verwiesen. Sind wir Menschen der Vergebung? Menschen, die viel lieber vergeben als behalten (vgl. Joh 20,23)? Menschen, in denen die Vergebungsleidenschaft und die Vergebungsfreude Gottes strömt? Ja, strömt! Davon hängt es doch auch entscheidend ab, wie wir uns im Sakrament der Versöhnung verhalten, ob da von den offenen Armen Gottes und von seiner Freude etwas zu spüren ist oder ob Beurteilen oder gar Urteilen oder Verurteilen vorherrscht. Und ist es nicht so, dass auch noch, wenn wirklich aus der Sicht der Kirche »behalten« werden muss, auch dieses noch einmal von einer Güte, einem menschlichen Verstehen, einem Mitfühlen und Mitgehen umfangen sein muss, wenn anders wir nicht unseren eigenen dunklen Begriff von Gott verdunkelnd vor Jesus und seinen und unseren Gott und Vater stellen wollen.

Wie wir als Presbyter mit der Vergebung umgehen, hängt wesentlich davon ab, wie wir Menschen und wie wir Christen sind; es hängt wesentlich davon ab, welche Beziehung wir zur Vergebung aufgebaut, welche Kultur als Vergebende wir menschlich und christlich im Laufe unseres bisherigen Lebens entwickelt haben; es hängt wesentlich davon ab, wie das uns machtvoll und sehnsüchtig hin zur Vergebung ziehende und drängende gemeinsame Priestertum in uns lebt und von uns gelebt wird. Seit unserer Geburt gehören wir als Menschen dem Menschgewordenen an. Seit unserer Taufe und Firmung gehören wir Christus, dem Priester, an. Wenn wir bedenken: Der ganze Vergebungs-, Versöhnungs- und Heilungswille Jesu möchte in uns leben! Er hat in seiner Selbstgabe »ein einziges Opfer für die Sünden dargebracht und sich dann für immer zur Rechten Gottes gesetzt« (Heb 10,12) und ist in dieser seiner versöhnenden Selbstgabe in uns allen, die an ihn glauben, für immer gegenwärtig und ist in unser Herz und in das Herz der Welt eingegangen. »Sehnsüchtig habe ich mich danach gesehnt, vor meinem Leiden dieses Paschamahl mit euch zu essen« (Lk 22,15) – das Mahl der Versöhnung und Rettung, das Mahl der alles und alle heilenden Wandlung: Seinen gewaltsam zerschlagenen Leib wandelt er in Brot, das er für alle bricht; sein gewaltsam und zu Unrecht vergossenes Blut in den Kelch der Vergebung, den er an alle austeilt, für alle. Er hat sein Priestertum, seine Kraft der Wandlung, in uns alle gelegt. Er will, dass es sich in unseren Alltag inkarniert und ihn wandelt: Unrecht, das uns angetan wird, mit

Vergebung, Unverständnis mit Verstehen, Härte mit Güte zu beantworten und alle Schwäche – auch die eigene – mit Geduld und Liebe, mit Mitgefühl und Erbarmen (σπλαγχνίζομαι!) aufzufangen. Menschen der Wandlung zu sein und zu werden, aus unserer Tauf- und Firmgnade, das ist uns Presbytern mit allen, die uns anvertraut sind, ganz besonders aufgetragen. Nochmals: »Ahme nach, was du vollziehst.« Sonst bezeugst du nicht und hast du selbst keinen Teil an dem, was du vollziehst.

Unser ganzes Leben, als Christen überhaupt und als Presbyter im Besonderen, will ein Sakrament der Vergegenwärtigung dessen sein, was wir aus der Taufe sind: österliche Menschen, denen »alle Sünden vergeben« wurden (s.o.), und die täglich neu den österlichen Gruß Jesu vernehmen dürfen, der alles heilt: »Friede sei mit Euch!« Seine Vergebung und unser Vergeben in seinem Gefolge ist wie ein unermessliches Meer, ein grenzenlos weiter Raum, in dem wir leben und atmen können. Sie ist das Wichtigste, das Gott in seiner Liebe erlösend an uns tut. Sie ist auch das Wichtigste, das wir für ein erlöstes und befreites Leben einander tun können. Ich meine, nichts braucht die Welt, brauchen die Menschen dringender, als dass wir Menschen der Vergebung sind – in österlicher Zusage, die in unserem Alltag zu lebendiger Erfahrung wird in unseren Begegnungen jeden Tag. Und so und nicht anders wird die Kirche als Licht weithin sichtbar.

Was hier, die Vergebung betreffend, über die Bedeutung des Priestertums Jesu in uns gerade auch für den Presbyter gesagt ist, sollte hinreichend deutlich und klar sein. Doch ist mir da unfreiwillig eine schmerzliche Veranschaulichung der Dringlichkeit des Themas begegnet. Soeben, da ich gerade im Begriff bin, diesen Unterabschnitt »Ver-

gebung« zu »Mit euch bin ich Christ« zu schreiben, stoße ich am Sonntagmorgen hinter einer Kirche auf folgende Graffiti:
»no more CHURCH
no more FEAR
KIRCHENAUSTRITT, HEUTE!«
Die dritte Zeile stand vermutlich schon länger da. Sie ist in dieser Gegend häufig und fällt fast nicht mehr auf. Die beiden oberen jedoch, in anderem Farbton, fielen mir in die Augen, weil sie – mir wenigstens – neu waren. Sie fügen ein Motiv für den Austritt hinzu. Es betrifft zweifellos die Kirchenleitung, es betrifft uns Presbyter, es betrifft das Bild und den Eindruck, es betrifft, wie wir als Kirche erlebt werden. »Keine Kirche mehr – keine Angst mehr.« Schlimmeres an Kirchenbild lässt sich eigentlich nicht vorstellen. Welche Erfahrungen, Eindrücke, welche Spuren hinterlassen wir? Spuren Jesu sind es ganz offensichtlich nicht, auch wenn man die Sache dreht und wendet und über ihr Zustandekommen hin und her spekuliert. Da gibt es denn doch, so schlimm das klingt, allzu viel Verschärfungszwang und Lastenbinden und -aufbürden, die den Menschen wirklich Angst machen und sie forttreiben (vgl. 1 Kön 12,11.14.16ff.). Da wird allzu viel an Vergebung, Güte und Freude über offene Arme, die von Gott her durch uns auch und gerade bei den Schwachen ankommen möchten, in erschreckender Weise verraten. Sollten und wollten wir nicht Menschen und Christen sein in dieser Welt, österliche Gegenwart und Frohbotschaft unseres Herrn, der sich hingegeben hat, um in seinem Erbarmen alle an sich zu ziehen?

4. Die Gnade und das Heil – Zur Spiritualität des »Weltpriesters«

Nach all dem sollte es nicht schwer sein, Augustinus folgend im Christsein die Gnade und die Rettung für das Amt zu erkennen. Ganz deutlich lebt der Presbyter in der Gnade der Taufe und der Firmung und hat mit allen Glaubenden teil am Priestertum, Königtum und Prophetentum Jesu.

Dabei fällt unser Blick auf ein Problem, das schon lange immer wieder genannt wird, nämlich die Spiritualität des so genannten Welt- oder Diözesanpriesters. Ordenspriester können und sollen ja bewusst auf die Spiritualität ihres Ordens(gründers) zurückgreifen. Wie ist das aber beim Weltpriester? Es ist hier gewiss nicht der Ort, dieser Frage ausführlich nachzugehen. Doch ein Vorschlag oder kleiner Hinweis drängt sich im Zusammenhang dieser Überlegungen beinahe auf. Könnte es nicht sein, dass diese Spiritualität »einfach« in einem ganz aufmerksam gelebten Christsein bestehen könnte, von dem unmittelbar in diesem Kapitel und im Ganzen dieses Buches unter der Rücksicht des gemeinsamen Priestertums aller Glaubenden die Rede war? Es hat sich ja gezeigt, was es an priesterlicher Fülle enthält. Sein vertieftes gemeinsames Gehen mit allen kann allen nur helfen und den Presbyter selbst genau dort ansiedeln, worin er allen dienen und hilfreich sein kann. Und er fände so eine enge Verbindung mit dem, was ihn – mit Augustinus – zu »trösten« vermag.

Die Spiritualität des Christen, und so auch des Presbyters, ist ein wesentlicher Faktor seiner Identität. Jeder Presbyter, ob Weltpriester oder einer Ordensgemeinschaft angehörig, muss unablässig aus dem christlich Gemeinsamen seiner Initiation, seiner Taufe und Firmung und deren Entfaltungen schöpfen. Dass beim Weltpriester kein weiteres Interpretament für seinen Dienst hinzukommt, bedeutet keineswegs einen Mangel. Voraussetzung ist freilich, dass man – und das ist ja das Anliegen dieses Buches – das Christsein als solches als eine gültige Spiritualität anzusehen imstande und bereit ist: Zugehörigkeit zu Jesus, freier Zugang zum Vater in ihm, ein Leben aus der Selbstgabe und aus der Vergebung usf. und eine Hilfe zu sein für Mitchristen und ebenso auch sich helfen zu lassen – um nur einiges vom Wichtigsten zu nennen. Sollte der Presbyter wirklich für seine Spiritualität vor allem auf dieses gemeinsame christliche »Grundwasser«, auf dieses allen gemeinsam Priesterliche angewiesen sein, so kann das nun doch – ruhig betrachtet – kein Nachteil und kein Mangel sein oder etwa ein zu seichter Stoff, um daraus ein Leben lang zu schöpfen. Und wenn das immer noch zu wenig wäre, dann könnte es vielleicht helfen, daran zu denken, dass dieses eine und selbe Grundwasser in uns allen immer quellfrisch ist und aus der Herzwunde Jesu kommt. Das bekannte Wort des hl. Jean Marie Vianney: »Das Priestertum ist die Liebe des Herzens Jesu«, lässt sich durchaus auch auf unser aller gemeinsames Priestertum übertragen. Der Presbyterat gehört dann ohne Zweifel zu den großen und schönen Möglichkeiten in der Kirche, die uns allen geschenkte und anvertraute Liebe und Menschenfreundlichkeit Jesu in liebender Selbstgabe einzusetzen und zur Entfaltung zu bringen. Die Seele des Presbyters, sein Lebensprinzip ist das Christsein. Daran wird er von den Menschen erkannt und im Grunde nur so auch als solcher anerkannt.

Noch ein kurzes Wort dazu, wie ich den Presbyter als Mensch und Christ vor Augen habe. Der Presbyter ist, und darin liegt eine klare Unterscheidung, kein Kultdiener, sondern er ist auf Grund seines Dienstamtes Diener seiner Gemeinde, in der und mit der er lebt, nach unseren heutigen Bedingungen und Möglichkeiten; diese können sich freilich auch wandeln. Er dient ihrer Einheit. Er dient einer »Atmosphäre«, einem »Klima« des Friedens, der Danksagung und Freude, der Versöhnung und Vergebung, des Aufbaus, des Mitgefühls, der Freundlichkeit und Güte, des Sich-gegenseitig-höher-Achtens (Röm 12,10), des Achtens auf die Kleinen, Leidenden und Kranken, des Sinnes für das Echte und Wahre des Glaubens ...; und er dient andererseits einem entschiedenen Entgegentreten all denen und nur denen, denen Jesus entschieden entgegengetreten ist, die seiner Frohen Botschaft, festhaltend an einem anderen Gottesbild, hartnäckig widerstehen, oder denen, die keine Rücksicht nehmen auf die »Kleinen«, die an ihn glauben, oder solchen, die Schwächere mit Mitteln der Ungerechtigkeit ausbeuten und niederhalten ... Er dient einer sakramentalen Atmosphäre des Lebens also, in der Dankbarkeit herrscht und die heilend ist, die darauf achtet, dass nicht »behalten« werden muss, die vielmehr Freude daran hat zu »erlassen« und Freude über alle Wahrheit und Liebe, die in Gott und in und unter Menschen zu finden ist. Denn dazu wird ihm doch von der gesamten Kirche aufbauende Autorität und sakramentale Befugnis gegeben. Und ich schließe mich da Paulus an, der seinen Gemeinden immer positive Aspekte abzugewinnen wusste, auch wo entschiedenes Entgegentreten nötig war, und diese auch – nicht zuletzt um der so sich bildenden Atmosphäre willen – voll anerkennend zum Ausdruck brachte: »Ich vertraue darauf, dass er, der bei euch das gute Werk begonnen hat, es auch vollenden wird bis zum Tag Christi Jesu. Es ist nur recht, dass ich so über euch alle denke, weil ich euch ins Herz geschlossen habe« (Phil 1,6f.). Das menschlich und christlich Verbindende lässt uns Kirche sein.

Wie auch immer, es steht außer Zweifel, dass unser schlichtes Menschsein und unsere christlich gemeinsamen Lebensquellen wesentlich sind für das Dienstamt in der Kirche und dass es gerade heute sehr notwendig ist, der Vergesslichkeit diesbezüglich zu wehren und sich daran ganz bewusst zu erinnern, wenn anders wir dem Amt seine Bedeutung und Achtung erhalten wollen. Dass wir als Presbyter nicht mehr und nicht weniger sind als wahrhaftig Glaubende, Hoffende und Liebende, die sich für Glaube, Hoffnung und Liebe ihrer Mitchristen in Dienst nehmen lassen, das ist der Stoff, aus dem das Amt Gestalt und Glaubwürdigkeit gewinnt. Was auch jedem anderen Christen und jeder Christin in die Wiege gelegt ist, genau das ist es, was jeden Presbyter, insofern er es lebt, zu einem priesterlichen Menschen macht. Für Johannes XXIII. sind es Glaube, Hoffnung und Liebe, die die Ehre eines Bischofs ausmachen.[66] Von unserem gemeinsamen Priestertum und von unser aller Wert und Würde auf den vorliegenden Seiten zu sprechen war mein Anliegen. Dabei hat sich gezeigt, dass das nicht möglich war, ohne diejenigen im priesterlichen Volk Gottes, die durch dieses Thema zunächst nicht betroffen scheinen, in dem einen und selben wunderbaren Licht unserer gemeinsamen Berufung angesiedelt zu sehen.

»Wir danken dir,
dass du uns berufen hast,
vor dir zu stehen und dir zu dienen.«
(Zweites Hochgebet)

Sigel

Dekrete und Konstitutionen des Zweiten Vatikanums (11.10.1962–08.12.1965)

AG = Ad gentes (Dekret über die Missionstätigkeit der Kirche)

GS = Gaudium et spes (Pastorale Konstitution über die Kirche in der Welt von heute)

LG = Lumen gentium (Dogmatische Konstitution über die Kirche)

PC = Perfectae caritatis (Dekret über die zeitgemäße Erneuerung des Ordenslebens)

PO = Presbyterorum ordinis (Dekret über Dienst und Leben der Priester)

UR = Unitatis redintegratio (Dekret über den Ökumenismus)

Anmerkungen

[1] »Wahrheitserkenntnis durch Würdigung dessen, was ist, ist ... das *unbedingt* Sein-Sollende. Deshalb gilt die Missachtung – das Verleugnen und Verdrängen – des Gegebenen ... als das schlechthin Nicht-sein-Sollende.« Jürgen Werbick, Von Gott sprechen an der Grenze zum Verstummen, LIT Verlag, Berlin etc. 2004, S. 40. Was sein soll, von Gott zuinnerst ausgehend, ist unbedingte liebende Würdigung.
[2] Die Feier der Kindertaufe – in den Bistümern des deutschen Sprachgebiets, Herder etc. 2007, S. 63 und öfter. Wird bei der Erwachsenentaufe sogleich nach der Taufe die Firmung gespendet, so nimmt die Firmung die Stelle dieser Salbung ein und nimmt diese vollinhaltlich in sich auf.
[3] II. Vatikanum; Kurzbezeichnung im Folgenden: Vat II.
[4] Zu den letzten beiden Absätzen vgl. Rainer Bucher, Die neue Lage in der Kirche, Hintergründe und Konsequenzen für die Katholische Aktion, in: Begegnungen, Zeitschrift der katholischen Lehrer- und Erziehergemeinschaft 4/2009, Graz, S. 5–25.
[5] Schreiben von Papst Benedikt XVI. zum Beginn des Priesterjahres anlässlich des 150. Jahrestages des »Dies natalis« von Johannes Maria Vianney vom 16. Juni 2009. Was kursiv gedruckt ist, ist Zitat des Papstes aus Vat II, PO 9.
[6] Zu diesem Absatz vgl. Rainer Bucher, ebd.
[7] Jürgen Werbick, ebd. S. 40.
[8] Zit. nach: TE DEUM, Das Stundengebet im Alltag, August 2009, Ars liturgica, Maria Laach etc. 2004, S. 53.
[9] Zu den beiden letzten Absätzen vgl. Rainer Bucher, ebd.
[10] Die Bezeichnung »Laie« für jene, die nicht Amtsträger in der Kirche sind, kann heute sehr irreführend sein, da dieser Ausdruck im alltäglichen Sprachgebrauch so viel wie »nicht fachgebildet« bedeutet und das Bewusstsein und Empfinden von Wert und Würde allseitig erschwert. Wird er dennoch gebraucht, dann sollte nicht vergessen werden, dass alle Getauften mit der Salbung des Heiligen Geistes ausgestattet sind. Es ist schwer, sich bei wachem Empfinden dem Eindruck zu entziehen, dass in dem Wort »Laie(n)« doch nicht der Klang voller Gleichwertigkeit zum Schwingen kommt.
[11] So etwa der Erzbischof von Shanghai, der Jesuit Aloysius Jin Luxian (* 1916), Bezug nehmend auf den Geist der Katholischen Aktion in seiner Diözese: »Ich sage oft: ›Das derzeitige Jahrhundert wird das Jahrhundert der Laien sein ...‹« in der Zeitschrift 30 Tage, 2007, Nr. 6/7, S. 22ff.
[12] Zu diesem Absatz vgl. wiederum Rainer Bucher, ebd.
[13] M. Hasitschka, Die Priestermetaphorik der Apokalypse als Ausdruck der Verbundenheit der auf Erden lebenden mit den zur Auferstehung gelangten Christen, in: Studien zum Neuen Testament und seiner Umwelt (SNTU), hrsg. von A. Fuchs, Linz, Serie A, Band 29 (2004), S. 179–192, S. 181.

[14] Vgl. M. Hasitschka, Bedeutung des Priestertums im Neuen Testament und Entwicklung des Priesteramtes in der frühen Kirche, Ms. zur Zeit des Abschlusses dieses Buches noch im Druck.
[15] M. Hasitschka, Die Priestermetaphorik der Apokalypse als Ausdruck der Verbundenheit der auf Erden lebenden mit den zur Auferstehung gelangten Christen, in: Studien zum Neuen Testament und seiner Umwelt (SNTU), hrsg. von A. Fuchs, Linz, Serie A, Band 29 (2004), S. 179–192. Zitat Ex 19,4-6 aus der »Elberfelder Bibel«!
[16] s. Anm. 14.
[17] s. ebd.
[18] St. Lyonnet, Eucharistie et Vie chrétienne, Foi Vivante, S. 100.
[19] s. Anm. 14.
[20] Zitiert nach Der Sonntag. Die Zeitung der Erzdiözese Wien, Nr. 20, 23.05.2010, S. 12. Leo Magnus, Tractatus 4 (29. September 444), ed. durch A. Chavasse in: Corpus Christianorum SL 138, S. 16, Z. 6f.11–19: »Nam licet universa Ecclesia Dei distinctis ordinata sit gradibus ... In unitate igitur fidei atque baptismatis, indiscreta nobis societas, dilectissimi, et generalis est dignitas, secundum evangelium beatissimi Petri apostoli sacratissima voce dicentis: Et ipsi tamquam lapides vivi superaedificamini domos spiritales, sacerdotium sanctum, offerentes spiritales hostias acceptabiles Deo per Iesum Christum. Et infra: Vos autem genus electum, regale sacerdotium, gens sancta, populus adquisitionis. Omnes enim in Christo regeneratos, crucis signum efficit reges, spiritus sancti unctio consecrat sacerdotes.«
[21] Wenn im Folgenden von »Taufe«, »getauft« usw. die Rede ist, ist immer die Firmung auch mitgemeint.
[22] Ignatius von Loyola, Der Bericht des Pilgers, 99, in: Gründungstexte der Gesellschaft Jesu, übers. von P. Knauer, Echter, Würzburg 1998, S. 82.
[23] Ders., Brief an Antonio Brandao 1. Juni 1551, in: Briefe und Unterweisungen, übers. von P. Knauer, Echter, Würzburg 1993, S. 350.
[24] Dies ist die kürzere und vermutlich ältere/ursprünglichere Fassung des »Vaterunser«, wie sie uns das Lukasevangelium überliefert.
[25] K. Rahner, Von der Not und dem Segen des Gebetes, Verlag Felizian Rauch, Innsbruck 1949, S. 7.
[26] Zu diesem Abschnitt: Thérèse von Lisieux (Thérèse vom Kinde Jesus), Selbstbiographie (Selbstbiographische Schriften. Authentischer Text), Johannes Verlag Einsiedeln 1958 (15. Auflage 2003), Seiten in Reihenfolge der Zitate: 200f.198. 249.269.254f.
[27] Das Bild findet sich bei K. Rahner, Das Alte neu sagen. Rede des Ignatius von Loyola an einen Jesuiten von heute, Sammlung Kerle Band 7, F. H. Kerle, Freiburg/Heidelberg 1982, S. 20. Vgl. dazu schon A. Delp: »Gott ist als ein Brunnen in uns ... Diese inneren Quellen müssen wir finden und immer wieder strömen lassen in das Land unseres Lebens« (aus »Veni sancte spiritus«, abgefasst kurz vor seiner Hinrichtung am 2. Februar 1945).
[28] Aurelius Augustinus Sermo 42 (Corpus Christianorum SL 41, 504 z. 11).

[29] Ignatius von Loyola, Exerzitienbuch Nr. 234.
[30] A. Delp, Gesammelte Schriften. Hrsg. v. Roman Bleistein SJ, Josef Knecht, Frankfurt/M. 1. Aufl. 1984, IV 25f. (An Luise Oestreicher, 17. November 1944).
[31] Christian Kummer, Der Fall Darwin. Evolutionstheorie contra Schöpfungsglaube. Pattloch, München 2009, S. 189.
[32] Vgl. auch M. Hasitschka, »An solchen Opfern hat Gott Wohlgefallen« (Hebr 13,16). Wanderndes Gottesvolk und fortgesetzte Opfer nach dem Hebräerbrief, Ms. zur Zeit des Abschlusses dieses Buches noch im Druck.
[33] Ebd.
[34] Vgl. Ignatius von Loyola, Exerzitienbuch Nr. 23.
[35] Exultet. Osterlob der Osternacht.
[36] Das bekannte Lied »The day Thou gavest, Lord« mit seinen Übersetzungsvarianten will das wohl, sehr gefühlvoll, zum Ausdruck bringen. Im Folgenden ein Auszug: »… The voice of prayer is never silent, Nor dies the strain of praise away … We thank Thee that Thy church, unsleeping, While earth rolls onward into light …«
[37] Vgl. im »Gotteslob« das Gabenlied (aus der »Schubertmesse«) 802/4, 3. Strophe: »Mich selbst, o Herr, mein Tun und Denken und Leid und Freude weih ich dir; Herr, nimm durch deines Sohnes Opfer dies Herzensopfer auch von mir.«
[38] Ambrosianischer Lobgesang »Te Deum«.
[39] Vgl. M. Hasitschka, Befreiung von Sünde nach dem Johannesevangelium. Eine bibeltheologische Untersuchung, Tyrolia-Verlag Innsbruck etc. 1989 (Innsbrucker theologische Studien; Bd. 27), S. 405ff.
[40] Aurelius Augustinus, Sermo (In Natali Ioannis Baptistae) 293, 1–3; PL 38, 1327f.
[41] Mysterium fidei: »Mortem tuam annuntiamus, Domine, et tuam resurrectionem confitemur, donec venias.«
[42] Vat II, Konstitution über die heilige Liturgie »Sacrosanctum Concilium« 47.
[43] Vat II, Konstitution über die Kirche »Lumen Gentium« 11, Bischofsdekret »Christus Dominus« 30.
[44] Vgl. Anm. 52.
[45] Märta Wilhelmsson, Schweden.
[46] So auch bei Marta von Betanien, die ein Messiasbekenntnis ablegt gleich dem des Simon Petrus.
[47] Commentarii in Prophetas minores, ed. in: Corpus Christianorum SL 76A, In Sophoniam Prophetam, prologus, Z. 23–27: »Plena est historia tam graeca quam latina virtutibus feminarum, et quae integros libros flagitent. Mihi tantum, quia aliud operis incumbit, in fine prologi dixisse sufficiat, dominum resurgentem primum apparuisse mulieribus, et apostolorum illas fuisse apostolas, ut erubescerent viri non quaerere, quem iam fragilior sexus invenerat.«
[48] Zit. in TE DEUM, ars liturgica Maria Laach/Verlag Katholisches Bibelwerk Stuttgart, September 2009, S. 180.
[49] Beidem kann in diesem Rahmen nicht näher nachgegangen werden.

[50] Karl Rahner, Schriften III, S. 323 = Zeitschrift für Aszese und Mystik (ZAM) 1936, S. 30.
[51] Pierre Teilhard de Chardin, Lobgesang des Alls, Walter-Verlag Olten und Freiburg, 2. 1966, S. 13–42. S. 15: »Alles, was im Laufe dieses Tages in der Welt zunehmen, alles, was abnehmen – und auch alles, was sterben wird –, siehe, Herr, ich bemühe mich, es in mir zu versammeln, um es Dir darzureichen … Empfange, Herr, diese totale Hostie, die die von Deiner Anziehung bewegte Schöpfung Dir im neuen Sonnenaufgang darbietet.«
[52] Iustinus Martyr, Apologia prima pro Christianis ad Antoninum Pium, Cap. 65.
[53] Über das Amt in der Kirche ist in den letzten Jahrzehnten durchaus nachgedacht und geschrieben worden. Eine Theologie des gemeinsamen Priestertums ist jedoch m.E. ein Desiderat. Denn soweit es sie gab, ist ihr weithin die Wirksamkeit versagt geblieben. Kirchliche Dokumente in dieser Sache sind auch nach dem Zweiten Vatikanum doch gerne eher rasch bemüht, definierte Amtsbereiche den »Laien« gegenüber abzugrenzen und in Schutz zu nehmen (vgl. etwa die Instruktion zu einigen Fragen über die Mitarbeit der Laien am Dienst der Priester vom 15. August 1997). Demgegenüber müsste eine solche Theologie zugleich einen wesentlichen Platz finden in einer Theologie des Amtes und ihren Grundlagen – wie es hier z.B. ansatzweise versucht wird. Denn Presbyter, Diakon und Bischof haben lebens- und amtswichtigen Anteil an dem einen, allen Glaubenden gemeinsamen Priestertum. Die vorliegenden Seiten können eine solche Theologie nicht hinreichend ausführen, möchten aber ein deutlicher Impuls in diese Richtung sein.
[54] Thérèse Martin, ebd. S. 200.
[55] Zu diesem Absatz vgl. M. Hasitschka, Die Priestermetaphorik der Apokalypse als Ausdruck der Verbundenheit der auf Erden lebenden mit den zur Auferstehung gelangten Christen, in: Studien zum Neuen Testament und seiner Umwelt (SNTU), hrsg. von A. Fuchs, Linz, Serie A, Band 29 (2004), S. 179–192, bes. S. 186.
[56] Vgl. oben Priester im Neuen Testament 2. b).
[57] Teresa v. Avila, Die innere Burg, Die erste Wohnung, Erstes Kapitel, 1. und 2. Absatz.
[58] Vgl. z.B. E. Mitterstieler, Den verschwundenen Flüssen nachgehen. Gedanken zur geistlichen Begleitung, Echter, Würzburg 2008, 1. Kapitel.
[59] Nizäno-Konstantinopolitanisches oder Großes Glaubensbekenntnis.
[60] Aurelius Augustinus, Serm. 340,1: CCL 104,919 bzw. Serm. 340, I: PL 38, 1483.
[61] Zu diesen beiden Absätzen: F. Wulf, Kommentar zu Presbyterorum Ordinis, Artikel 1–6, in: Das zweite Vatikanische Konzil, Konstitutionen, Dekrete und Erklärungen Lateinisch und Deutsch, Kommentare, Teil III, Herder, Freiburg etc. 1968, S 142f.149.152. Die Kommentare von Wulf zu den Konzilstexten sind mir insofern wichtig, als sie noch nahe am Ereignis des Vat II und der Entstehung seiner Texte liegen und daher eine lebendigere, also nicht allzu abgeklärte Interpretation bieten.

[62] M. Hasitschka, Presbyteros – Die Rolle der Ältesten im Volk Israel und in der frühen Kirche, in: Huber Konrad – Vonach Andreas (Hg.), Ordination – mehr als eine Beauftragung? (Synagoge und Kirchen 3), Lit-Verlag, Münster 2010, S. 37–51. Im Ms. findet sich der zitierte Abschnitt auf der letzten Seite. Als Artikel war er mir noch nicht zugänglich. – »Die Frage, ob auch Bezüge zur Rolle der Ältesten in der hellenistischen Polis- und Vereinsstruktur erkennbar sind (s. K. Backhaus, Priester, Priestertum, in: LThK (3. Aufl.) 8, 563f.), wird im Rahmen dieses Beitrages nicht behandelt.«

[63] K. Rahner, Priester, IV. Dogmatisch, in: LThK 2VIII (1963) 745 (zit. in: Greshake, G., Priester sein in dieser Zeit. Theologie – Pastorale Praxis – Spiritualität, Echter 2005, S. 47).

[64] Polykarp, Brief an die Gemeinde von Philippi VI,1: »Auch die Presbyter sollen wohlwollend sein, barmherzig gegen alle … sie sollen sich frei halten von jedem Zorn, von Parteilichkeit und ungerechtem Urteil; fern sei ihnen … hartes Urteil, im Bewusstsein, dass wir alle der Sünde Schuldner sind« (vgl. Fußnote 23 in PO 3).

[65] Vgl. dazu: Stefan Kiechle, Zuversicht im Niedergang? Priesterliches Leben in winterlicher Zeit, in: Herderkorrespondenz November 2009, S. 551–556. Er versucht, die Anteilsverhältnisse in Prozenten auszudrücken: »80 Prozent des priesterlichen Wirkens ist Menschsein und Christsein, 20 Prozent ist Amt: 80 Prozent ist liebevoller und barmherziger Umgang mit den Anvertrauten, ist Aufmerksamkeit und Zuhören und Freundlichkeit, ist die rechte Nähe und Distanz … 20 Prozent ist Vollmacht, Lehre, Sakramentenspendung, ›Rolle‹. 80 Prozent ist Taufgnade, die erste und tiefste Gnade, die jeden in Christus sein lässt und ihn zu Christi Lebenszeugen macht. 20 Prozent ist Weihegnade …« (555).

[66] Johannes XXIII., Geistliches Tagebuch 13.08.1961.